Hobby Horsing

Mein Steckenpferd

Das ABC des Steckenpferd-Reitens

Impressum

Bibliografische Information der Deutschen Nationalbibliothek

Die Deutsche Nationalbibliothek verzeichnet diese Publikation in der Deutschen Nationalbibliografie; detaillierte bibliografische Daten sind im Internet über http://dnb.dnb.de abrufbar.

Herausgeber

Deutsche Reiterliche Vereinigung e.V. – Bundesverband für Pferdesport und Pferdezucht (FN), Abteilung Jugend

Ein Projekt der Arbeitsgruppe FN-Initiative „Kleine Kinder, kleine Ponys" mit freundlicher Unterstützung von **FN***verlag* und der Abteilung „Persönliche Mitglieder der FN"

Texte

Annika Schalück, FN-Abteilung Jugend, Warendorf, Mitglied im FN-Arbeitskreis „Kleine Kinder, kleine Ponys"

Fachlektorat

Dr. Teresa Dohms-Warnecke, Warendorf; Monika Eike, Wehrheim; Ronny Weigang, Ludwigsfelde, alle Mitglied im FN-Arbeitskreis „Kleine Kinder, kleine Ponys"

Lektorat

Dr. Carla Mattis, **FN***verlag*, Warendorf

Titelfoto

FN-Archiv/Schalück, Warendorf

Fotonachweis

- Archiv der Deutschen Reiterlichen Vereinigung e.V. (FN), Warendorf:
  Seiten 7, 22, 23, 24 (3), 26 (2), 27 (2), 76 o.re. (© Anika Schalück); 9 (© Adelheid Borchardt); 38, 67 (© Holger Schupp); 50, 52 (3), 72 o. + Mitte re., 73 o., 75 (2), 76 o.li. (© Thoms Lehmann); 73 u. (© Stefan Lafrenz)
- **FN***verlag*/Winter, Warendorf: Seite 19

- Nina Holsten, Photografie Augenklick mal, Heeslingen: Seiten 6, 31 (aus Instagram mia.glueckshuf.hobbyhorses)
- Foto-Studio Kaup, Warendorf, Seiten: 10, 12 (3), 13 (3), 14 (3), 15, 16, 17, 18
- Ricarda Mertens, Mannheim: Seiten 53 (entnommen aus Neumann-Cosel, Isabelle von/Kloepfer, Jeanne/Deutsche Reiterliche Vereinigung e.V. (FN) (Hrsg.): Meine ersten Reitabzeichen (10-6). **FN***verlag*, Warendorf 2018)
- Kira Schönberg, Hannover, Seite: 11
- Katrin Sendelbeck, Lauf a.d. Pegnitz, Seite 72 li. (entnommen aus Sendelbeck, Katrin: Mein erstes Buch vom Reitenlernen. **FN***verlag*, Warendorf 2018
- Simone Teeuwen, Warendorf: Seite 20
- Daria Bärtschi / Instagram kht_calvano: Seite 77
- Katharina Haverkamp / Instagram kattaundwalter: Seiten 62, 63, 64, 66, 70, 72 u., 79 (2)
- Cedric Küper / Instagram kht_dragons_official: Seite 71
- Michèle Sigrist / Instagram casualhorses: Seiten 46, 76 u.

Videoaufnahmen

FN-Archiv/Schalück, Warendorf

Illustrationen und Zeichnungen

- Alle media team, Jürgen Becker und Claudia Richter, Duisburg, außer
- Jeanne Kloepfer, Lindenfels: Seiten 19, 39 o., 42 u., 44, 45, 46, 49, 51, 53, 54 (entnommen aus Neumann-Cosel, Isabelle von/Kloepfer, Jeanne/Deutsche Reiterliche Vereinigung e.V. (FN) (Hrsg.): Meine ersten Reitabzeichen (10–6). **FN***verlag*, Warendorf 2018)
- Cornelia Koller, Dierkshausen: Seite 61 (entnommen aus Deutsche Reiterliche Vereinigung e.V. (FN) (Hrsg): Grundausbildung für Reiter und Pferd. Richtlinien für Reiten und Fahren, Band 1, **FN***verlag*, Warendorf 2019)
- Katrin Sendelbeck, Lauf a.d. Pegnitz, Seiten 56, 58. (entnommen aus Sendelbeck, Katrin: Mein erstes Buch vom Reitenlernen. **FN***verlag*, Warendorf 2018)

Gesamtgestaltung

media team, Duisburg

Druck und Verarbeitung

bonitasprint gmbh, Würzburg

ISBN 978-3-88542-814-5

Hinweis: Wenn die männliche Form verwendet wird, meint sie die Funktion und nicht die konkrete Person und spricht gleichberechtigte Angehörige jeden Geschlechts an. Alle erwähnten Bestimmungen gelten für Pferde und Ponys, sofern für Ponys nicht ausdrücklich eine andere Regelung aufgeführt ist.

Inhaltsverzeichnis

Hi, ich bin Stecki das Steckenpferd.
Ich kenne mich nicht nur super mit Steckenpferden aus, sondern auch mit echten Pferden.
Ich werde dich durch dieses Buch führen.

Vorwort

Die Deutsche Reiterliche Vereinigung e.V. (FN) und ihre Initiative „Kleine Kinder, kleine Ponys“ verfolgen seit 2012 das Ziel, Kindern schon möglichst früh einen Zugang zum Pferd oder besser zum Pony zu ermöglichen. Mit dem Hobby Horsing, das ursprünglich aus Finnland stammt, soll nun das Thema Pferd jedem Kind, unabhängig von Herkunft, Lebensstandard, Nationalität oder Behinderung näher gebracht werden. Somit kann das Pferd quasi in jedes Wohnzimmer, auf jeden Schulhof und in jeden Kindergarten geholt werden.

Hobby Horsing kann sowohl vom Ausbilder im Pferdesport als auch von Erziehern, Lehrern, Übungsleitern und Eltern genutzt werden, um die Kinder spielerisch mit dem Thema Pferd in Bewegung zu bringen. Kreativität, Spiel und Spaß stehen hier im Vordergrund. Das Hobby Horsing soll auf keinen Fall die echten Pferde ersetzen, sondern eine sinnvolle Ergänzung und ein einfacher Einstieg sein, um möglichst viele Kinder für den Reitsport zu begeistern.

Weitere Informationen zu den Themen der FN-Initiative „Kleine Kinder, kleine Ponys“ sind unter **www.pferd-aktuell.de/reitenfuerkinder** zu finden.

Einleitung

Du findest Pferde toll und würdest gerne selbst einmal Reiten lernen? Oder du reitest schon und kannst gar nicht genug von Pferdebüchern, Pferdefilmen und Pferden allgemein bekommen. Dann ist Hobby Horsing genau das Richtige für dich. Bastele dir dein eigenes Pferd und reite mit ihm überall hin. Im Gegensatz zu den echten Pferden kannst du mit deinem Steckenpferd zum Beispiel auch zur Schule oder zum Kindergarten reiten.

Du darfst gespannt sein, was du beim Hobby Horsing noch alles mit mir und meinen Steckenpferde-Freunden erleben und unternehmen kannst und wie viel du über die echten Pferde lernen wirst.

Das Steckenpferd-Reiten macht nicht nur alleine Spaß, in der Gruppe könnt ihr euch eine Kür ausdenken, die Hufschlagfiguren lernen oder schauen, wer am schnellsten den Hindernisparcours überwinden kann. Ihr könnt mit uns aber auch als Cowboy oder Indianer durch die „Prärie" reiten.

Alle wichtigen Informationen rund um das Thema Stecken-/Pferd finden du und deine Reit-/Lehrer, Erzieher und Eltern in den folgenden Kapiteln.

Ich wünsche dir viel Spaß mit dem Buch und bei deinem ersten Ritt auf deinem eigenen Steckenpferd!

Bevor es in die Praxis geht, möchte ich deinen Lehrern, Erziehern und Eltern „auf die Sprünge helfen" und ihnen Tipps für das Steckenpferd-Reiten/ Hobby Horsing geben.

1 Hinweise für Reit-/Lehrer, Erzieher und Eltern

Steckenpferd-Reiten – auch Hobby Horsing genannt – ist vor allem in Finnland sehr beliebt. Natürlich unterscheidet es sich vom Reiten auf „echten" Pferden, aber ich werde euch zeigen, dass das Steckenpferd-Reiten die perfekte Vorbereitung und Ergänzung zum Reiten ist und super viel Spaß macht.
„Das Pferd in jedes Wohnzimmer bringen", so lautet eines der Ziele der FN-Initiative „Kleine Kinder, kleine Ponys", die sich intensiv mit dem Thema Hobby Horsing befasst hat.

Die Abkürzung FN kommt von der französischen Bezeichnung Fédération Equestre Nationale. Die Deutsche Reiterliche Vereinigung e.V. (FN) ist der Dachverband für alle Züchter, Reiter, Fahrer und Voltigierer in ganz Deutschland. Sie organisiert den Pferdesport und kümmert sich u.a. um die Ausbildung von Reiter und Pferd in allen Disziplinen, fördert den Tierschutz sowie die artgerechte und fachgerechte Haltung der Pferde. Außerdem regelt sie die Abzeichenprüfungen und den Turniersport.

Ein großer Vorteil dieser Trendsportart ist es, dass sowohl kleine als auch größere Kinder Steckenpferde sowohl drinnen als auch draußen reiten können. Ob in der Turnhalle, im Kindergarten, in der Schule, auf dem Schulhof oder in der Natur – Steckenpferde können überall mit hingenommen werden. So kann der Wald mit seinen Baumstämmen zur Geländestrecke werden und die Turnhalle zum Dressurviereck. Die Kinder können miteinander eine Quadrille zu Musik einstudieren oder aber im Wettkampf gegeneinander den Springparcours auf Zeit mit Steckenpferden absolvieren. Wir Steckenpferde sind immer mit viel Spaß dabei.

In diesem Ringbuch habe ich für euch zahlreiche Ideen und Anregungen zur spielerischen Vermittlung von Wissen rund um das Thema Pferd gesammelt.
Natürlich findet ihr hier nur die Grundlagen des Steckenpferd-Reitens, euch als Eltern, Erzieher und Reit-/Lehrer sind zahlreiche Möglichkeiten der Ausgestaltung gegeben. Ihr müsst selber nicht einmal pferdeaffin sein, um dieses Thema aufzugreifen. Das Steckenpferd-Reiten spricht Kinder im Alter ab 3 Jahren an. Je nach Umsetzung des Hobby Horsing kann es in

jedem Alter Spaß machen. Dafür gibt es, genauso wie bei den „richtigen" Pferden, auch kleine und große Steckenpferde.

Das Ziel ist es, Kinder mit uns Steckenpferden in Bewegung zu bringen und gleichzeitig für das Thema Pferd zu begeistern.

Meine Erfahrung ist, dass Hobby Horsing vor allem auch bei schüchternen Kindern mit wenig Selbstbewusstsein förderlich ist, da sie Misserfolge auf ihr Steckenpferd projizieren können und somit länger motiviert bleiben.

Als Steckenpferde bringen wir viel Bewegung, Spiel, Sport, aber auch Spaß in die kindliche Welt. Diese gehören zu den elementaren Bedürfnissen von Kindern und sind für ihre körperliche, geistige, emotionale und soziale Entwicklung unverzichtbar.

Ich hoffe, dass mit dem FN-Lernmaterial möglichst viele Kinder erreicht werden, sei es in Reit- oder Sportvereinen, in der Schule oder dem Kindergarten oder einfach zuhause, natürlich immer verknüpft mit praktischen Erfahrungen. Mit uns Steckenpferden wird es garantiert nie langweilig.

Ich würde mich freuen, wenn ihr und die Kinder, über das Steckenpferd-Reiten hinaus, auch Kontakt zu meinen lebendigen Kollegen über einen Reitverein oder Pferdebetrieb in eurer Nähe aufsucht und einen Besuch mit den Kindern vereinbart. Solltet ihr Kontaktadressen benötigen, helfen euch eure Landespferdesportverbände sicher gerne, Adressen von Reitvereinen oder Pferdebetrieben in eurer Nähe zu finden (siehe Anhang).

2 Mein Steckenpferd – Basteln von Steckenpferden

So, genug der Theorie, jetzt geht es zum praktischen Teil! Um mit Steckenpferden zu reiten und viel Spaß zu haben, kannst du dir, eventuell mithilfe deiner Eltern, Lehrer oder Erzieher, dein Steckenpferd selbst basteln.
Vier Bastelanleitungen dafür findest du im Anschluss.
Deiner Fantasie sind keine Grenzen gesetzt, ob bunt oder einfarbig, ob mit Stehmähne oder langer Mähne, mit Blesse oder ohne …
Egal ob du gut beim Basteln bist und zum Beispiel gern mit Holz arbeitest oder ob du dein erstes Steckenpferd lieber aus Pappe machen willst, bei unseren Bastelanleitungen wird jeder fündig.

Die Bastelvorlage für den Stecki-Kopf findet ihr unter www.fnverlag.de beim Buchtitel „Hobby Horsing – Mein Steckenpferd" und im Bereich der kostenlosen Downloads.

2.1 Fünf Bastelanleitungen für ein individuelles Steckenpferd

Steckenpferd aus Pappe

Diese Bastelanleitung ist die einfachste, allerdings sind die Pferde nicht besonders stabil.

Material

- Pappe/Fotokarton
- eventuell 2 Wackelaugen
- schwarzer Filzstift
- Krepppapier oder Wolle als Mähne
- doppelseitiges Klebeband
- Rundstab (ca. 5 mm Durchmesser)

Anleitung

1. Steckenpferdekopf-Vorlage zweimal auf Fotokarton/Pappe übertragen und ausschneiden. Anschließend 2 Ohren ausschneiden.
2. Mähne aus Krepppapier oder Wolle gestalten, diese an den Innenseiten der Steckenpferdeköpfe mit doppelseitigem Klebeband befestigen.
3. Stab am Hals der beiden Steckenpferdeköpfe befestigen, anschließend zusammenkleben. Befestigung der Ohren und Wackelaugen auf beiden Seiten.
4. Aufmalen von Nüstern, Maul und eventuell Augen mit schwarzem Filzstift.

Steckenpferd aus Socken

Material

- Flasche (zum Beispiel pfandfreie Saftflasche) aus Kunststoff
- 2 Wackelaugen
- Gummiband
- Zeitungspapier
- Klebeband (am besten durchsichtiges Paketklebeband)
- Stock/Stab
- Socken
- Filz
- Heißklebepistole
- dicke Wolle

Falls das Pferd ein Zaumzeug bekommen soll, braucht ihr außerdem: Filz oder Band/Schnur bzw. Geschenkband und Schlüsselringe.

Anleitung

1. Flasche im Hals knicken und mit Gummiband fixieren.
2. Zeitungspapier als Nase formen und mit Klebeband ankleben.
3. Stock mit Klebeband fixieren.
4. Socke überziehen und am Ende mit Schnur/Band oder Klebeband zubinden.
5. Ohren und Nüstern aus Filz ausschneiden.

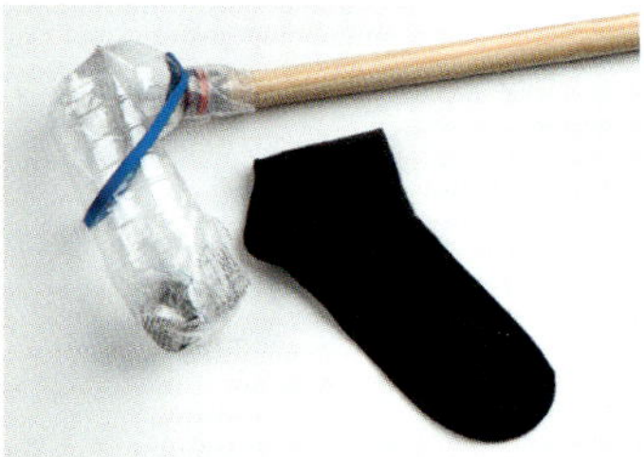

Ohren, Augen, Schopf

Anleitung

6 Für die Mähne Wolle eng um ein Buch wickeln, anschließend mit einem Faden zusammenknoten und auf der Rückseite aufschneiden.

7 Mähne, Augen, Nüstern und Ohren mit Heißkleber ankleben.

8 Mit Filzstreifen oder dicker Wolle kann ein Zaumzeug gestaltet werden. Am besten Filz ankleben und Wolle knoten (Knotenhalfter), alternativ kann für das Zaumzeug auch Geschenkband mit Schlüsselringen genutzt werden.

Fertig ist dein eigenes Steckenpferd!

Steckenpferd aus Poolnudeln

Material

- 1 Poolnudel
- 2 große Wackelaugen (im Bastelbedarf erhältlich)
- 1 Kniestrumpf
- Filz
- Heißklebepistole
- dicke Kordel oder dünnes Hanfseil

Anleitung

1. Mähne und Ohren und Nüstern aus Filz ausschneiden.
2. Strumpf über die Poolnudel ziehen.
3. Einen Teil der Poolnudel abknicken und mit der Kordel an der Poolnudel so befestigen, dass der Kopf in Position bleibt. Die Enden können verbunden werden, sodass Zügel entstehen.
4. Mähne, Ohren, Augen und Nüstern mit Heißklebepistole an der Poolnudel befestigen.

Fertig ist das Steckenpferd!

Steckenpferd aus Holz

Material

- Sperrholz
- Besenstiel
- Moosgummi/Filz/Stoff als Ohren
- Farbe
- Schleifpapier
- Wolle für die Mähne
- (Wackelaugen)
- Heißklebepistole

Anleitung

1. Vorlage für den Pferdekopf zeichnen und auf das Holz übertragen.
2. Mit einer Stichsäge wird der Pferdekopf ausgeschnitten. Die Kanten werden mit Schleifpapier geglättet.
3. Im nächsten Schritt muss jetzt der Besenstiel am Pferd befestigt werden. Hierzu wird eine Kerbe in den Stab geschnitten, der so dick wie das Brett des Pferdekopfes ist. Anschließend werden gemeinsam durch Brett und Stiel zwei Löcher gebohrt. In die Löcher werden mit Leim zwei Dübel eingesetzt, sodass der Pferdekopf mit dem Besenstiel verbunden ist.

Anleitung

❹ Mit Farbe können die fertigen Pferdeköpfe angestrichen werden. Wenn die Grundfarbe getrocknet ist, werden Augen, Nüstern, Maul etc. aufgezeichnet. Alternativ können die Augen auch als Wackelaugen mit der Heißklebepistole aufgeklebt werden.

❺ Die Ohren werden aus Moosgummi, Filz oder Stoff geformt und mit der Heißklebepistole links und rechts vom Pferdekopf festgeklebt.

❻ Jetzt werden die Mähne und der Schopf aus Wolle am Holzpferd mit der Heißklebepistole befestigt. Zur Herstellung der Mähne siehe Punkt 6 bei „Steckenpferde aus Socken“.

Auf Los geht's los!
Ab in den Sattel.

Steckenpferd aus Stoff

Material

- Stab/Stock
- Stoff
- Wolle
- Füllwatte
- Nähmaterial
- Knöpfe für die Augen
- Heißklebepistole

Anleitung

1. Der Musterpferdekopf aus Papier wird zweimal auf den Stoff kopiert. Zusätzlich benötigt man noch einen langen schmalen Streifen, der genauso lang ist wie der Umfang des Kopfes. An diesem Streifen näht man ungefähr an der gleichen Stelle beide Seiten des Pferdes zusammen. Das Zusammennähen kann mit der Nähmaschine oder per Hand erfolgen.
2. Wenn man nun das ganze Pferd zusammengenäht hat, wird es mit Füllmaterial, zum Beispiel Watte, gefüllt. Hier sollte man keine zu glatte Füllung verwenden, da sich sonst Klumpen im Pferdekopf bilden.
3. Nun werden zweimal zwei Stoffstücke ausgeschnitten, die die Form von Pferdeohren haben. Diese werden an den Seiten zusammengenäht und geformt und anschließend am Pferdekopf angenäht. Hierbei muss beachtet werden, dass der Stoff von selber aufrecht steht, ansonsten kann der innere Teil des Ohrs durch Filz verstärkt werden.
4. Nun werden die Nüstern aus Filz angenäht oder mit einer Heißklebepistole angebracht. Die Knopfaugen können ebenfalls angenäht werden. Hier können natürlich auch Wackelaugen aus dem Bastelbedarf verwendet und angeklebt werden.

Anleitung

❺ Abschließend wird die Mähne aus Wolle entweder festgenäht oder angeklebt. Zur Herstellung der Mähne: siehe Punkt 6 bei „Steckenpferde aus Socken".

❻ Der Stab kann nun von unten in den gefüllten Pferdekopf gesteckt werden und zum Beispiel mit Klebeband befestigt oder unten zugenäht werden.

Be happy and
ride happy horses ...

Vergiss nicht, deinem Steckenpferd einen Namen zu geben!
Ideen findest du hier:
www.pferd-aktuell.de/fn-service/pferdenamensuche

Ist dein Steckenpferd fertig gebastelt, kannst du losreiten. Zunächst noch einige Ideen und Hinweise, wie dein Ritt zu einem echten Erlebnis werden kann.

3 Hinweise zur Sicherheit und zur Verwendung von Materialien und Hilfsmitteln

Ich möchte auf keinen Fall, dass du dich beim Reiten deines Steckenpferdes verletzt, deshalb solltest du folgende Hinweise unbedingt beachten: Für das Hobby Horsing musst du geeignete und bequeme Schuhe tragen. Das ist für die Sicherheit und unseren gemeinsamen Spaß sehr wichtig!

Achte darauf, dass der Stab deines Steckenpferdes nicht so lang ist, dass ihr hinfallt. Am besten hältst du den einen Teil der Zügel gemeinsam mit dem Stab in einer Hand. Mit der anderen Hand hältst du nur die Zügel fest.

Die Zügelhaltung: Du führst den Zügel zwischen dem kleinen und dem Ringfinger hindurch, durch die geschlossene Faust. Der Daumen bildet über dem Zügel oben ein Dach. Das Zügelende kannst du einfach zur rechten Seite weghängen lassen.

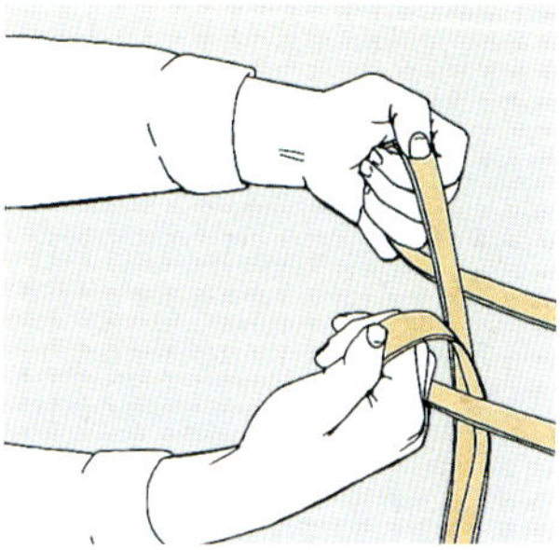

So hältst du die Zügel richtig – achte darauf, dass der Daumen dachförmig aufliegt.

Hinweis für Eltern, Erzieher und Reit-/Lehrer

Für die kleinen Kinder sollte auf Zügel verzichtet werden. Besser sind Griffe oder Schlaufen zum Festhalten, die seitlich am Hals oder im Übergang von Kopf zum Hals angebracht werden. Auch Rollen am Ende des Stiels können vorteilhaft sein.

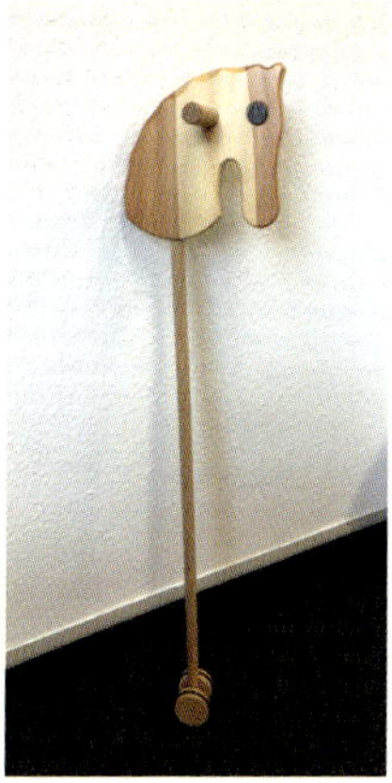

Holzsteckenpferd mit Griffen und Rollen

Einen Helm brauchst du auf uns Steckenpferden nicht. Aber niemals solltest du ohne einen passenden Helm auf ein echtes Pferd steigen!

Agility-Hindernisse eignen sich sehr gut für das Springen mit Steckenpferden.

Bei der Verwendung von Hindernissen achte darauf, dass dein Steckenpferd und du euch beim Abwurf einer Stange nicht verletzt. Ich empfehle spezielle Hürden für Kinder aus leichtem Material. Alternativ können auch Agility Hürden aus dem Hundesport verwendet werden.

Anstelle von gekauften Hindernissen kannst du mit deinem Steckenpferd zunächst über dicke Äste oder Baumstämme springen. Bei der Auswahl der Baumstämme musst du darauf achten, dass ihr in der Lage seid, diese zu überwinden. In der Natur können wir gemeinsam als Gleichgewichtsübung auf besonders dicken Baumstämmen balancieren. Gutes Gleichgewicht ist sehr wichtig. Du brauchst es zum Beispiel auch beim Fahrrad- und Skifahren, aber vor allem beim Reiten (s. Seite 65). Beim Reiten auf einem echten Pferd kann es anfangs schon sehr schwierig sein, denn wenn das Pferd sich bewegt, muss der Reiter sein eigenes Gleichgewicht immer wieder neu finden und an die Bewegung des Pferdes anpassen. Warum übst du es nicht schon mal mit uns Steckenpferden, dann fällt es dir später beim Reiten auf einem echten Pferd viel leichter, die Balance zu halten.

Zum Reiten gehört auch das **Dressurreiten**. Dabei bewegst du dich mit uns in den drei Grundgangarten eines Pferdes, das sind der Schritt, der Trab und der Galopp, auf geraden und gebogenen Linien. Das geht zum Beispiel Zuhause, im Garten, im Park, auf der Straße, auf dem Sportplatz und in der Sporthalle.
Schwieriger wird es, wenn wir gemeinsam eine kleine Dressuraufgabe einüben wollen. Diese findet auf einem begrenzten, rechteckigen Platz statt, auf dem sogenannten Dressurviereck. Da das Abgrenzen eines solchen Platzes schwierig ist, werden dir und deinen Freunden deine Eltern, Erzieher oder Reit-/Lehrer vielleicht helfen müssen. Zur Abgrenzung eines Platzes kannst du beispielweise Kreide, Seile, Pylonen, Steine, Absperr-

bänder, Besenstiele, Äste etc. nutzen. Normalerweise hat ein Dressurviereck eine Länge von 40 m und eine Breite von 20 m. So groß muss das Viereck für das Steckenpferd-Reiten natürlich nicht sein. Du musst allerdings darauf achten, dass es ein Rechteck ist, damit das Verhältnis stimmt. Die Buchstaben, die an einem richtigen Dressurviereck an den Innenseiten angebracht sind und Reitern bei der Orientierung helfen, können ganz einfach mit Kreide auf den Boden gemalt werden, sodass du nun richtige Hufschlagfiguren einstudieren kannst (s. Seiten 57/58).

Dann kann es losgehen. Dressuraufgaben findest du auf den Seiten 68/69. Diese kannst du auswendig lernen oder sie dir vorlesen lassen. Du reitest sie allein oder mit mehreren Steckenpferd-Reitern hintereinander oder als Paar nebeneinander. Wie in richtigen Dressurprüfungen könnt ihr eine Note für den Ritt vergeben. Der Steckenpferd-Reiter mit der höchsten Wertnote gewinnt. Über ein kleines Geschenk oder selbstgebastelte Schleifen in unterschiedlichen Farben, wie im richtigen Turniersport, werden sich alle Teilnehmer sehr freuen.

Dieses sind die Schleifen für Sieger und Platzierte im Reitsport:
1. Platz gelb, 2. Platz silber, 3. Platz weiß, 4. Platz blau, 5. Platz rot, 6. Platz grün

Beim **Springen** ist der Reiter, der keine Fehler hat und am schnellsten ist, der Sieger.

Im Folgenden erhältst du von mir einige Spielideen, an denen du mit deinem Steckenpferd garantiert nicht nur viel Spaß haben, sondern dabei auch sehr viel über die echten Pferde und das Reiten lernen wirst.

Du darfst gespannt sein.

4 Spielideen und Unterrichtsmaterialien

Im kommenden Kapitel stelle ich dir einige Spielideen vor. Außerdem erhalten deine Lehrer bzw. Erzieher Kopiervorlagen. Ich kann ihnen außerdem unseren Lernkoffer für Vor- und Grundschulkinder empfehlen, der zahlreiche weitere Ideen und Materialien enthält. Dieser ist bestellbar unter www.pferd-aktuell.de/shop.

4.1 Spielideen

Steckenpferdchen Hindernisparcours

TN	ab 2 Kinder
Alter	ab 3 Jahre; ab 5 Jahre unter Verwendung der Gangarten
Material	■ Reifen ■ Pylonen ■ Bänke, Tische, Stühle ■ Tunnel ■ Decken ■ Teppichfliesen ■ Matten ■ Kissen ■ Pappkarten mit Schritt-, Trab- und Galopp-Symbolen (siehe S. 61)
Spielaufbau	■ Gestaltet mit dem euch zur Verfügung stehenden Material eine Hindernisstrecke. ■ Die Start- und Ziellinien müssen deutlich erkennbar sein. ■ Wollt ihr das Spiel als Wettkampf austragen, müsst ihr zwei identische Hindernisstrecken aufbauen. Bitte denkt daran, dass alle Hindernisse gesichert werden müssen!
Spielablauf	❶ Auf das akustische Signal (Klatschen, Trillerpfeife) des Spielleiters rennen alle Teilnehmer los und versuchen so schnell wie möglich den Hindernisparcours mit ihrem Steckenpferd zu überwinden. ❷ Der Gewinner kommt in die nächste Runde ❸ Am Schluss bleibt ein Spielteilnehmer als Gewinner übrig. 

Hufeisen werfen

TN
ab 1 Kind

Alter
ab 4 Jahre

Material
- Hufeisen
- Zielstab

Spielaufbau
- Der Zielstab wird dem Alter und den körperlichen Fähigkeiten der Teilnehmer entsprechend aufgestellt (zum Beispiel 1 m, 2 m,…).
- Es wird eine Linie gezogen, hinter der alle stehen müssen.

Spielablauf
1. Die Spieler versuchen nacheinander die Hufeisen von der Linie so um den Zielstab zu werfen, dass sie mit der Öffnung den Stab umschlingen. Gelingt dies, bekommt man 3 Punkte. Außerdem bekommt der Spieler, dessen Hufeisen am nächsten zum Stab liegt, 2 Punkte sowie für das zweitnächste 1 Punkt.
2. Es werden mehrere Durchgänge gespielt und am Ende die Punkte aller Spieler zusammengezählt.

Variante
Ein Spieler bekommt drei Versuche, um das Hufeisen um den Zielstab zu werfen. Für jeden Treffer gibt es 3, wenn das Hufeisen den Stab berührt 2 Punkte. Im Anschluss werden die Punkte gezählt und der nächste Spieler ist an der Reihe.

Ringreiten mit Steckenpferden

TN	ab 1 Kind
Alter	ab 4 Jahre
Material	■ Steckenpferde ■ Staffelstab, kurzer Besenstiel o.Ä. als Ringreitlanze ■ Im Durchmesser dazu passender Ring (zum Beispiel große Unterlegscheibe aus dem Baumarkt). Wichtig ist die Möglichkeit, den Ring hinreichend sicher (soll nicht herunterfallen), aber doch leicht und ohne zu haken von der Schnur trennbar zu befestigen. ■ 1 Schnur oder Wäscheleine ■ 2 Ständer, Bäume, Hausecken oder Ähnliches, zwischen denen die Schnur gespannt werden kann. ■ größerer Raum, größere Freifläche
Spielaufbau	■ Es wird eine Startlinie aufgezeichnet. ■ Der Ring wird an der Leine befestigt (Achtung: Er muss sich leicht lösen lassen! Bewährt hat sich eine Wäscheklammer oder für wiederholten Gebrauch ein Magnet.)
Spielablauf	❶ Der Reiter nimmt sein Steckenpferd zwischen die Beine. ❷ Er nimmt die „Lanze“ in die Hand. ❸ Auf ein akustisches Signal hin galoppiert oder trabt er los. ❹ Er versucht im Laufen den Ring mit der Lanze aufzuspießen. ❺ Die Anzahl der Läufe legt der Spielleiter fest. ❻ Gewonnen hat der Reiter mit den meisten Ringen.

Staffellauf mit Putzutensilien

TN ab 4 Kinder

Alter ab 4 Jahre

Material
- pro Gruppe ein vollständiger Putzkasten
- ein größerer Raum oder eine größere Freifläche
- Pfeife, Tamburin als Signal

Spielaufbau
- Die Teilnehmer werden in Gruppen geteilt und stellen sich mit ihren Steckenpferden hinter der Startlinie hintereinander auf.
- Die Putzkästen werden hinter die Ziellinie gestellt.

Spielablauf
1. Auf das akustische Signal des Spielleiters laufen die ersten Kinder zum Putzkasten.
2. Sie nehmen ein Teil heraus und laufen damit zurück zu ihrer Mannschaft.
3. Überqueren sie die Startlinie, darf der nächste Läufer loslaufen und den nächsten Putzgegenstand holen.
4. Gewonnen hat die Mannschaft, die als Erstes alle Putzgegenstände und den Putzkasten geholt hat und bei der jeder die Bezeichnung des Gegenstandes weiß, den er geholt hat.

Putzkastenjagd

TN	ab 4 Kinder
Alter	ab 5 Jahre
Material	■ größerer Raum oder eine größere Freifläche ■ je zwei Pappkarten mit den Bildern von Putzsachen (Kardätsche, Bürste, Striegel, Hufkratzer …) ➔ Kopiervorlage „Putzzeug-Memory", S. 32 ■ Putzkasten mit den Teilen, die auf den Pappkarten abgebildet sind. ■ Eventuell ein Helfer, der kontrolliert, dass jeweils die richtigen Teilnehmer laufen und die richtigen Putzteile geholt worden sind.

Spielaufbau

- Es werden zwei gleich große Mannschaften gebildet.
- Die Teilnehmer erhalten „Putzteil-Namen": Hufkratzer, Striegel, Kardätsche usw. Jedes Putzteil ist in jeder Mannschaft vertreten.
- Die Gruppen stehen sich gegenüber.
- In der Mitte liegt der Putzkasten/Eimer mit den Putzteilen.
- Der Spielleiter liest die nachfolgende Geschichte vor, in der die Namen der Putzteile vorkommen.

Spielablauf

❶ Der Spielleiter erzählt eine Geschichte (siehe unten), in der die Namen der Putzteile vorkommen.
❷ Sobald der „Putzteil-Name" eines Teilnehmers aufgerufen wird, rennen diese Teilnehmer in die Mitte zum Putzkasten und suchen das entsprechende Putzteil heraus.
❸ Wer das Putzteil zuerst gefunden hat, bringt es zu seiner Gruppe, die es behalten darf.
❹ Es gewinnt die Gruppe, die die meisten Putzteile erobert hat.
❺ Wichtig: Es dürfen nur die Teilnehmer laufen, deren „Putzteil-Name" genannt wurde (Kontrolle); sollten andere Teilnehmer laufen, gewinnt die andere Mannschaft den jeweiligen Gegenstand.

Variante

Statt der Putzteile können auch Ausrüstungsgegenstände, Giftpflanzen oder Futtermittel zum Thema gemacht werden.

Die Geschichte

Lauras und Pauls erste Reitstunde

Heute ist Lauras und Pauls erste Reitstunde. Die beiden sind schon ganz aufgeregt, denn ihr Opa hat den Zwillingen zum Geburtstag eine Reitstunde auf einem echten Pony geschenkt. Gemeinsam mit ihren Großeltern fahren die Kinder zum benachbarten Reiterhof. Pferde kannten sie bisher nur als Steckenpferde aus dem Kindergarten oder aus dem Fernsehen. Gemeinsam mit der Reitlehrerin dürfen die beiden Zottel, ein fuchsfarbenes Shetlandpony, aus der Box führen und für die Reitstunde putzen. Das ist ganz schön aufregend. ➔ Kopiervorlage „Körperteile des Ponys/Pferdes", S. 33

Die Reitlehrerin zeigt den beiden den Putzkasten. Puh, so viele Bürsten. Laura schnappt sich den ***Gummistriegel****, die Reitlehrerin erklärt, dass man hiermit das Fell aufrauen kann, um den besonders hartnäckigen Dreck zu entfernen. Laura legt direkt los, Zottel hat sich auf der Weide ganz schön dreckig gemacht. Mit kreisenden Bewegungen entfernt sie den groben Dreck aus dem Fell und arbeitet sich langsam von vorne nach hinten vor. Paul beobachtet Laura genau und möchte jetzt auch mal putzen. Die Reitlehrerin gibt ihm die* ***Kardätsche*** *in die Hand, er bürstet das Fell in Fellrichtung glatt. Den beiden Kindern ist schon ganz warm, aber Zottel genießt die Aufmerksamkeit der beiden. Laura findet in der Putzkiste noch einen Striegel, den* ***Eisenstriegel*** *und fragt die Reitlehrerin, wofür dieser verwendet wird. Die Reitlehrerin erklärt, dass man diesen früher benutzt hat, aber besonders empfindliche Pferde nicht gerne damit geputzt werden, weil er sehr hart und scharfkantig ist. Laura und Paul merken sich, dass sie diesen also besser nicht verwenden, denn sie wollen Zottel ja nicht wehtun. Die Reitlehrerin zeigt den beiden noch einen Striegel, den* ***Nadelstriegel****. Laura fällt auf, dass dieser ganz viele kleine Plastiknadeln hat, wie ein Igel. Beide dürfen mal fühlen, aber die Nadeln sind gar nicht so pieksig wie erwartet.*

Paul stellt fest, dass sie die Beine von Zottel noch gar nicht gesäubert haben. Er fragt die Reitlehrerin, welche Bürste er dafür verwenden darf. Die Reitlehrerin zeigt ihm die ***Wurzelbürste****. Da diese sehr harte Borsten hat, fällt es Paul nicht schwer Zottels Beine von den Mistflecken zu befreien. Nachdem er Vorder- und Hinterbein auf einer Seite gesäubert hat, tauscht er mit Laura, die nun die andere Seite putzen darf.*

Paul ist ganz gespannt, wie ein Huf von unten aussieht. Er sucht den ***Hufkratzer*** *aus dem Putzkasten und fragt die Reitlehrerin, ob sie ihm zeigen kann, wie man die Hufe von Zottel auskratzt. Die beiden probieren dies erst einmal gemeinsam, denn Paul merkt schnell, dass so ein Huf ganz schön schwer werden kann. Damit auch Laura mal dran ist, teilen sich die beiden die Hufe wieder auf, jeder darf einen Vorder- und einen Hinterhuf* *auskratzen. Die Großeltern sind begeistert und stolz auf ihre Enkel, sie haben heute schon einiges gelernt.*

Laura findet einen **Mähnenkamm** *in der Putzkiste. So einen Kamm kennt sie von zu Hause, damit kämmt ihre Mama ihr immer die Haare. Direkt macht sie sich an die Arbeit und versucht Zottels zerzauste Mähne zu kämmen, gut dass er ein Shetlandpony ist denkt sie, bei den großen Pferden wäre sie gar nicht an die Mähne dran gekommen.*

Paul entdeckt einen **Schwamm** *im Putzkasten. Die Reitlehrerin erklärt, dass man diesen für die empfindlichen Bereiche, wie zum Beispiel die Nüstern des Pferdes nutzen kann, um auch dort Staub und leichte Verschmutzungen zu entfernen. Da Zottel jedoch heute schon sehr sauber ist, legt Paul den Schwamm wieder zurück in den Putzkasten.*

Anschließend beginnt die Reitstunde. Nacheinander dürfen Paul und Laura auf Zottel reiten. Alle drei machen das super und haben ganz viel Spaß.

Nach dem Reiten dürfen die beiden Kinder Zottel mit einem Wasserschlauch abspritzen, da es heute sehr warm draußen ist und er sehr geschwitzt hat. Alle drei genießen die kleine Abkühlung. Die Hufe von Zottel sind auf dem Reitplatz ganz schön dreckig geworden. Mit dem Wasserschlauch und der **Waschbürste** *schrubben Laura und Paul sie wieder sauber.*

Jetzt ist Zottel ganz nass und schüttelt sich, sodass die beiden Kinder auch nass werden. Die beiden lachen und fragen, ob Zottel jetzt mit einem Handtuch abgetrocknet wird, oder wie sie ihn wieder trocken bekommen. Die Reitlehrerin zeigt Laura das **Schweißmesser**. *Laura darf damit die Feuchtigkeit aus dem Fell streichen, damit Zottel schneller trocknet. Auch Paul hat ein Schweißmesser gefunden und hilft Laura.*

Die Reitlehrerin holt einen **Eimer mit Huffett und einem Pinsel**, *die beiden Kinder haben sichtlich Spaß dabei, die Hufe von Zottel einzufetten.*

Nachdem Zottel wieder im Stall steht, fragen Laura und Paul ihre Großeltern, wann sie ihn das nächste Mal besuchen dürfen und geben ihm zum Abschied noch eine Möhre.

Pferdefarbenspiel

TN	ab 6 Kinder
Alter	ab 4 Jahre
Material	■ Steckenpferde in verschiedenen Farben (Brauner, Schimmel, Schecke, Fuchs, Rappe) ■ größerer Raum oder eine größere Freifläche
Spielaufbau	■ Der Spielleiter verteilt die Pferde auf der Spielfläche. ■ Die Kinder verteilen sich im Raum.
Spielablauf	❶ Die Kinder laufen zwischen den Pferden herum. ❷ Auf Zuruf laufen sie zu den entsprechenden Pferden, zum Beispiel „Alle laufen zu den Braunen."
Variante	Alle Braunen müssen in die Box (Reifen/Teppichfliese) gebracht werden.

4.2 Unterrichtsmaterialien für Lehrer und Erzieher

Putzzeug-Memory

1

2

3

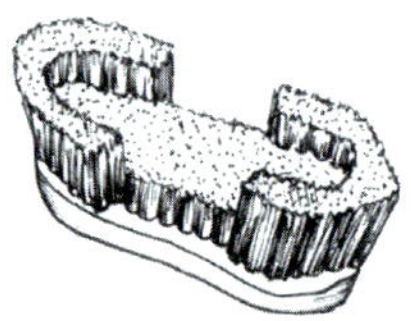

4

5

6

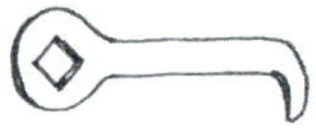

7

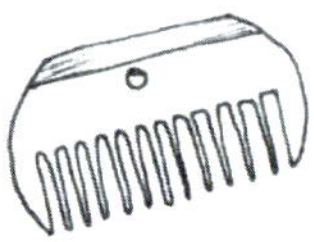

8

9

10

11

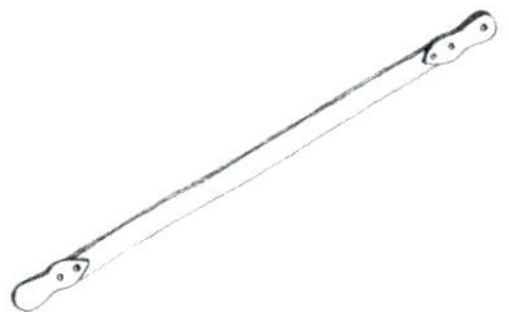

12

Körperteile des Ponys/Pferdes

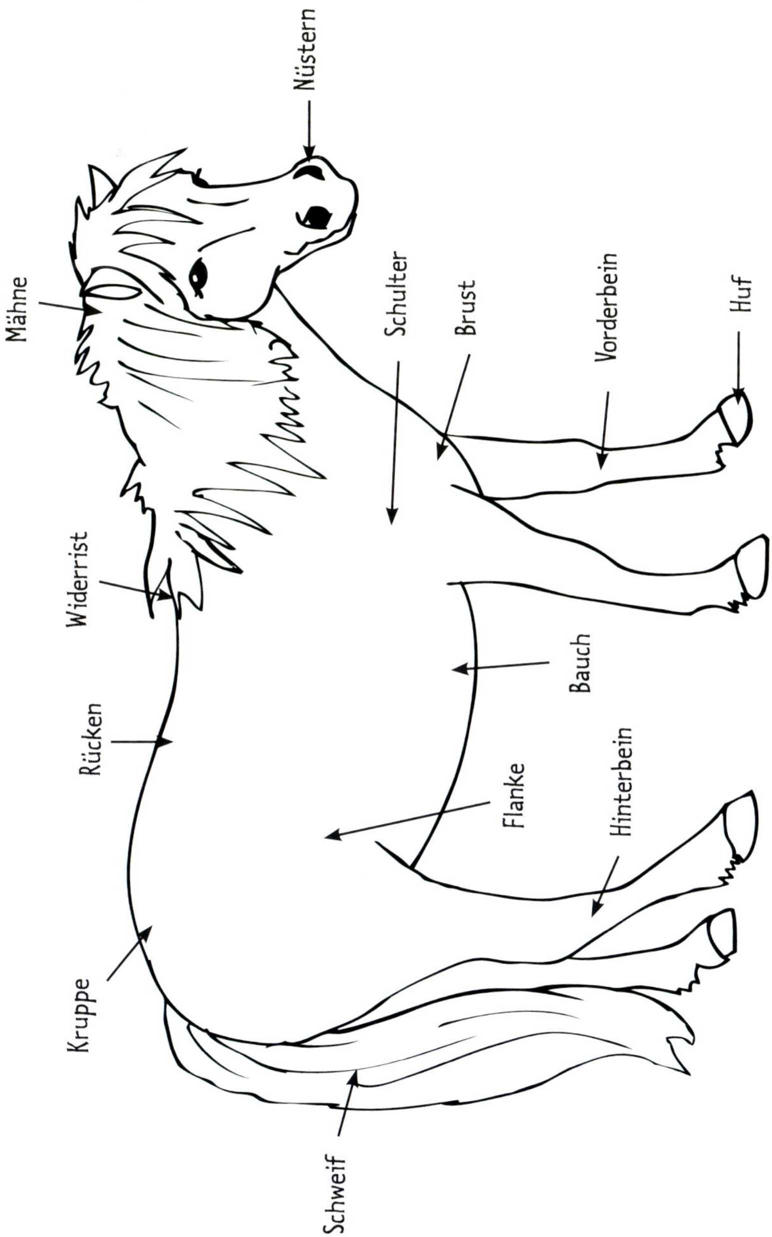

Was isst das Pony, was isst du? Ordne richtig zu

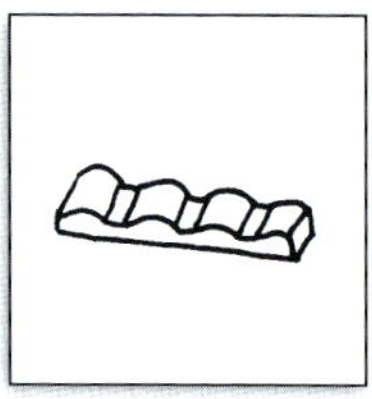
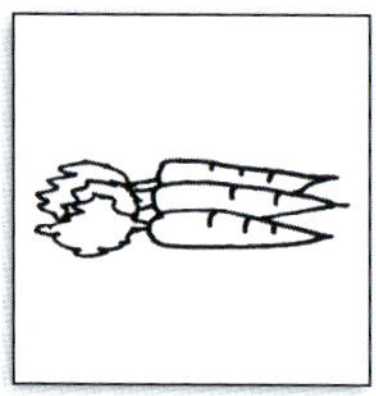

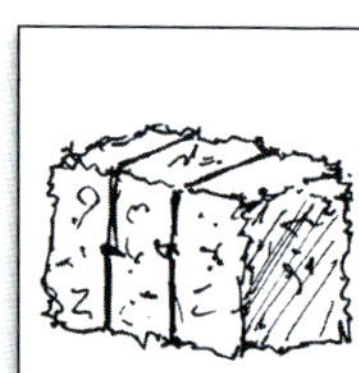

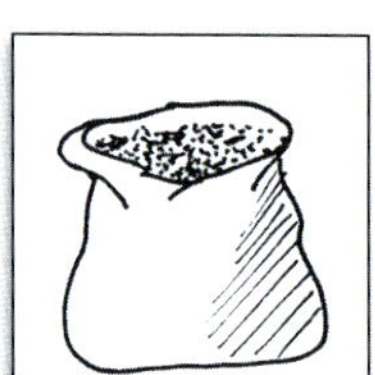

Ponykopf zum Bemalen

Boxenschild

Mein Steckenpferd

Name: ______________________________

Farbe: ______________________________

Geburtsdatum: ______________________________

Besitzer/in: ______________________________

FUTTER

Morgens: ______________________________

Mittags: ______________________________

Abends: ______________________________

Hobby Horse Auszeichnung

Urkunde

Der/Die Reiter/in ______________________

hat mit seinem/ihrem Steckenpferd

____

am ______________ herausragende Leistungen

- ☐ im Parcours
- ☐ im Dressurviereck
- ☐ im Gelände
- ☐ ______________________
- ☐ ______________________

gezeigt.

5 Hinweis auf Reitschulen

Auf der Internetseite der Deutschen Reiterlichen Vereinigung e.V. (FN) finden du, deine Eltern, Erzieher oder Lehrer unter folgendem Link eine Übersicht mit gekennzeichneten Vereinen und Betrieben, die ständig aktualisiert wird: www.pferd-aktuell.de/fn-service/pferdebranchenbuch

Unter dem Stichwort Mitgliedsverbände findet ihr dort auch die Adresse eures Landesverbandes Pferdesport, der ggf. weitere Angebote in eurer Nähe kennt (siehe auch im Anhang, Seiten 83/84).

1 Lerne dein Pferd kennen

1.1 Farben und Abzeichen

Alle Pferde sehen unterschiedlich aus? Stimmt! In diesem Kapitel lernst du von mir die gängigsten Fellfarben und Abzeichen von Pferden kennen und die Bezeichnungen dazu. Denn genau wie die Menschen haben auch sie unterschiedliche Haarfarben.

Die Fellfarben von Pferden (von links nach rechts)
Brauner – Schecke – Schimmel – Rappe – Fuchs

Aber ein Steckenpferd kann auch bunt sein oder ein Einhorn tragen, dann ist es einfach ein **Fantasiepferd**.

Hier kannst du dein Steckenpferd nach eigenen Vorstellungen ausmalen.

Male die Pferde auf den folgenden Seiten in den richtigen Farben aus:

Rappe: Weißt du, wie man ein schwarzes Pferd mit schwarzer Mähne und schwarzem Schweif bezeichnet? Dieses Pferd ist ein Rappe. Vielleicht kennst du den Pferdefilm Ostwind, das ist auch ein Rappe.

Schimmel: Es gibt aber auch weiße Pferde mit weißer Mähne und weißem Schweif. Das sind Schimmel. Aber soll ich dir was verraten? Alle Schimmel werden mit einer anderen Farbe geboren (braun, schwarz oder fuchsfarben) und sie werden erst im Laufe der Jahre ganz weiß.

Brauner: Ich bin sicher, dass du schon ein braunes Pferd mit schwarzer Mähne und schwarzem Schweif gesehen hast. Dieses nennt man Brauner.

Fuchs: Das Fell eines Fuchses ist rötlich braun, genauso wie seine Mähne und auch der Schweif. Wenn du das nächste Mal Pferde auf einer Weide oder anderswo siehst, schau mal, ob du einen Fuchs findest. Wenn du dir nicht sicher bist, frage jemanden, der sich damit auskennt.

Schecke: Ein Schecke ist weiß mit großen braunen oder schwarzen Flecken, wie bei einer Kuh. Die Mähne und der Schweif können weiß und/oder braun und/oder schwarz sein. Pferde mit diesen Farben sind dir bestimmt schon begegnet? Kennt ihr das Pferd von Pippi Langstrumpf, den Kleinen Onkel? Er ist weiß mit schwarzen Punkten, ein Pferd mit dieser Farbe nennt man Tigerschecke. Sind dir Pferde mit diesen Farben schon mal begegnet?

Viele Pferde haben kleine oder größere weiße Flecken im Gesicht oder weiße Stellen an den Beinen. Man nennt diese weißen Stellen Abzeichen. Sie haben bestimmte Namen, ein paar stelle ich dir hier vor.

Die Abzeichen am Kopf von links nach rechts:
Flocke, Keilstern, Stern, Schnippe und breite Blesse

An diesen Abzeichen kann man ein Pferd gut erkennen und unterscheiden. Wir Steckenpferde sind ebenfalls oft durch die Abzeichen an unseren Köpfen zu unterschieden, genauso wie unsere lebendigen Pferdefreunde. Bastele deinem Steckenpferd doch auch ein Abzeichen.

Mein Steckenpferd

Hier ist Platz für ein Foto von deinem Steckenpferd

➔ Kopiervorlage „Boxenschild“, S. 36

1.2 Die Sinne eines Pferdes

Die Ohren: Pferde können ihre Ohren drehen und das sogar getrennt voneinander. Sie bewegen ihre Ohren immer in die Richtung des Geräusches. Auch wenn ich dies nicht kann, mag ich es aber wie jedes andere Pferd trotzdem nicht, wenn du laut brüllst oder schreist. Pferdeohren sind nämlich sehr empfindlich und sensibel.

Die Augen: Da die Augen eines Pferdes an der Seite sind, kann es fast alles in seinem Umfeld sehen. Nur direkt vor oder hinter ihm kann es nicht erkennen, was da passiert. Nähere dich immer langsam von der Seite, sodass das Pferd dich rechtzeitig erkennt.
Du hast Glück, ich werde hier nachsichtig sein, aber die richtigen Vierbeiner können sich ganz schön erschrecken, wenn du direkt vorn oder direkt hinter ihnen auf sie zuläufst.

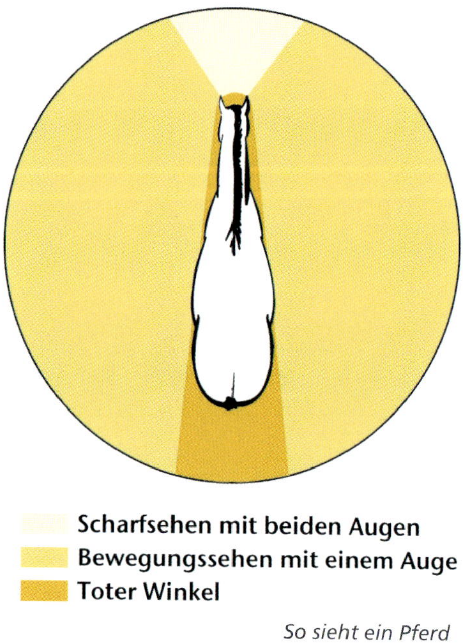

So sieht ein Pferd

Die Nase: Pferde haben einen sehr guten Geruchssinn. Sie können kleinste Bestandteile riechen, gut erkennen, woher der Geruch kommt, und eine Gefahr wittern. Und auch ihren Lieblingsmenschen erkennen sie am Geruch.

Der Tastsinn: Im Gegensatz zu mir haben echte Pferde feine Haare am Maul und an den Augen. Mit den Tasthaaren am Maul kann das Pferd sein Futter fühlen und Fremdkörper erkennen.
Du kannst auch versuchen, an meinem Maul und an meinen Augen Tasthaare anzubringen, zum Beispiel mit Schnurrhaaren aus dem Bastelbedarf.

1.3 Die Ernährung der Pferde

Wie viel ein Pferd fressen und trinken muss, ist genauso wie bei Menschen, ganz verschieden. Das hängt zum Beispiel von dem Alter, der Größe und der Art der Bewegung ab.

Der Speiseplan:

Saftfutter	Gras und Kräuter von der Weide, Möhren, Rüben oder Silage („feuchtes Heu“)
Raufutter	Heu oder Futterstroh
Kraftfutter	Hafer, Gerste oder Futtermischungen
Wasser	Pferde müssen immer Zugang zu sauberem Wasser haben. Ein ausgewachsenes Pferd trinkt abhängig von dem Wetter, der Fütterung und der Arbeitsbelastung bis zu 60 Liter Wasser am Tag, das sind maximal bis zu sechs 10-Liter-Eimer. Schau mal, wie viel in deinen Eimer zuhause passt. Hättest du das gedacht?
Einzelfutter	Vitamine, Mineralien; wie sie bei uns auch in Obst und Gemüse vorkommen
Salzleckstein	Durch das Lecken am Salzleckstein bekommt das Pferd zusätzlich Salz. Das ist besonders wichtig, wenn Pferde viel arbeiten und dabei schwitzen.

Solltest du einem Pferd ein Leckerli geben wollen, frag bitte erst im Stall nach, ob es erlaubt ist. Pferde freuen sich über Apfelstücke, Möhren, Bananen ohne Schale oder ein spezielles Pferdeleckerli.

Leckerbissen für Pferde

Und lass dir zeigen, wie man dem Pferd ein Leckerli reicht, es könnte sonst sein, dass es deinen Finger mit dem Leckerli verwechselt und dich aus Versehen beißt. Das kann dir mit mir natürlich nicht passieren.

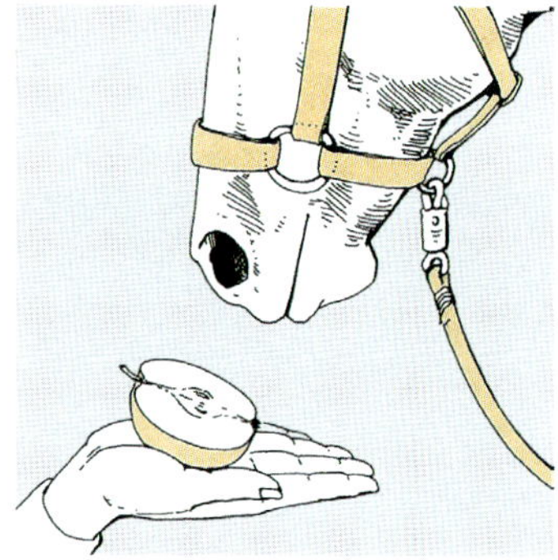

Füttern aus der flachen Hand mit ausgestreckten Fingern und angelegtem Daumen

Mir läuft das Wasser im Maul zusammen. Trage in den Futterplan unten ein, was dein Steckenpferd zu Fressen bekommt.

Du hast Glück, sie haben nicht so viel Hunger und Durst wie ein echtes Pferd. Aber sie lassen sich gerne verwöhnen.

➔ Kopiervorlage „Was isst das Pony, was isst du? Ordne richtig zu", S. 34

Wir könnten uns ja mal einen Apfel teilen?

Der Speiseplan deines Steckenpferdes

Futterplan	
morgens	
mittags	
abends	

1.4 Das 1 x 9 der Pferdefreunde

Das 1 x 9 der Pferdefreunde wurde von der Deutschen Reiterlichen Vereinigung e.V. (FN) herausgegeben. Neun Grundsätze sagen dir, wie du richtig mit deinem Freund und Freizeitpartner, dem Pferd, umgehen sollst.
Auch wenn Steckenpferde keine lebendigen Pferde sind, versuche einige Grundsätze auch auf unsere Freundschaft zu übertragen.

DAS 1x9 DER PFERDEFREUNDE

FÜR HARMONIE VON MENSCH UND PFERD

1. PFERDE BRAUCHEN MENSCHEN

Pferde sind auf uns Menschen angewiesen. Wir Pferdefreunde tragen die Verantwortung dafür, dass es jedem einzelnen Pferd gut geht – auch du.

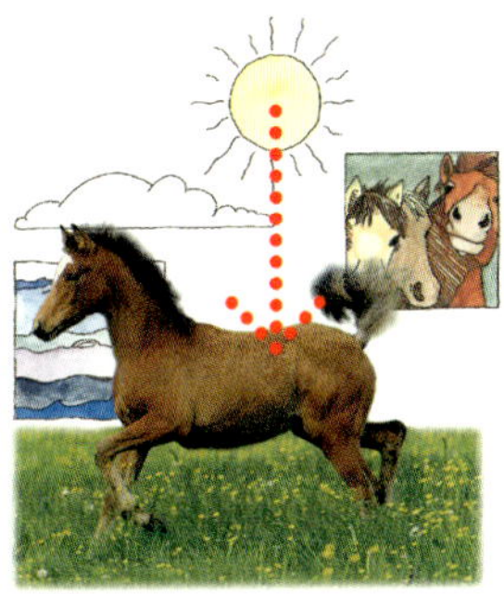

2. Pferde müssen richtig versorgt werden

Pferde brauchen Wasser und Futter, Licht und Luft, viel Bewegung und Kontakt zu anderen Pferden. Wir Pferdefreunde sorgen dafür, dass es jedem Pferd gut geht – auch du.

3. DIE GESUNDHEIT GEHT VOR

Gesundheit und Zufriedenheit des Pferdes sind wichtiger als Erfolg um jeden Preis. Uns Pferdefreunden geht das Wohl jedes einzelnen Pferdes vor – auch dir.

4. Alle Pferde sind wertvoll

Alle Pferde verdienen Pflege und Zuneigung, egal ob jung oder alt, Weidepony oder Turnierpferd, Zuchthengst oder ausgedientes Schulpferd.
Wir Pferdefreunde wissen, dass alle Pferde gleich gut behandelt werden müssen – auch du.

5. Pferde und Menschen haben eine lange gemeinsame Geschichte

Zwischen Pferden und Menschen besteht seit tausenden von Jahren eine enge Verbindung. Wir Pferdefreunde sind bereit, vom enormen Wissen früherer Zeiten und fremder Kulturen über Pferde zu lernen – auch du.

6. PFERDE SIND GUTE LEHRER

Pferde spüren Ungeduld und Unbeherrschtheit. Sie belohnen Freundlichkeit und Geduld. Wir Pferdefreunde lernen gern von unseren Pferden – auch du.

7. PFERDE UND MENSCHEN MÜSSEN MITEINANDER LERNEN

Pferde und Menschen brauchen für den gemeinsamen Sport eine gute Ausbildung, die nie aufhört. Das wichtigste Ziel für uns Pferdefreunde ist die harmonische Verständigung mit dem Pferd – auch für dich.

8. LEISTUNGEN DÜRFEN NICHT ERZWUNGEN WERDEN

Pferde verfügen über unterschiedliches Talent und Leistungsvermögen. Wir Pferdefreunde respektieren die natürlichen Grenzen eines Pferdes und beeinflussen seine Leistungsfähigkeit nicht durch Gewalt, Zwang und Medikamente – auch du nicht.

9. Pferde haben ein Recht auf ein würdiges Lebensende

Pferde haben ein kürzeres Leben als Menschen. Auch am Lebensende lassen wir Pferdefreunde unser Pferd nicht im Stich und ersparen ihm unnötige Angst, Schmerzen und Qualen.

1.5 Die Pferdepflege – das Putzzeug

Das Putzen gehört zum Reiten dazu. Die meisten Pferde genießen es, geputzt zu werden. Es ist für sie Massage und Fellpflege gleichermaßen. Beim Putzen wird nicht nur das Fell gesäubert, sondern auch die Durchblutung der Haut angeregt. Außerdem lernst du dein Pferd beim Putzen näher kennen.

Du stellst fest, an welchen Stellen es sehr gern geputzt wird, an welchen Stellen weniger und wo es vielleicht kitzelig ist. Beim sorgfältigen Putzen kannst du erkennen, ob dein eventuell Pferd krank ist. Das Erkennen von Schwellungen oder Hautverletzungen ist nämlich nicht immer so einfach und erfordert deine ganze Aufmerksamkeit.

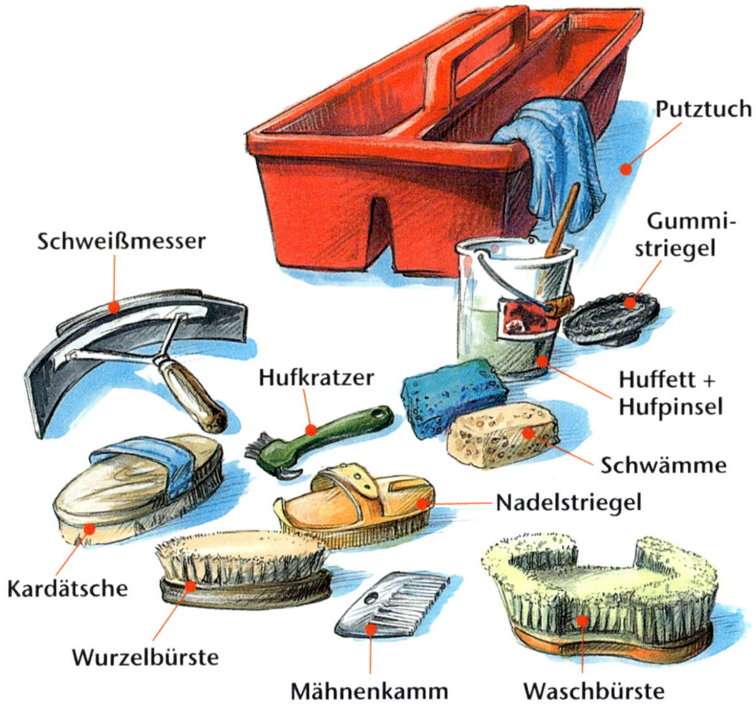

Die wichtigsten Inhalte einer Putzkiste

Auch ich freue mich über die eine oder andere Streichel- und Putzeinheit.

Damit du weißt, welche Bürste wie gebraucht wird, erkläre ich dir nun die wichtigsten Bürsten.

Gummistriegel: Mit dem Gummistriegel wird das Fell kreisförmig aufgeraut. Er löst den Schmutz und Staub aus dem Fell und massiert außerdem das Pferd. Du musst aber mit dem Striegel vorsichtig sein, empfindliche Stellen, wie zum Beispiel der Kopf, werden mit dem Striegel nicht geputzt.

Wurzelbürste: Für den festen und verklebten Schmutz im Fell kannst du die Wurzelbürste nehmen. Die ist viel härter als die Kardätsche und entfernt wirklich den hartnäckigsten Dreck. Diese beiden Bürsten wirst du für uns Steckenpferde sicherlich selten oder gar nicht benötigen. Aber die nachfolgend beschriebene Bürste kannst du gerne mehrmals täglich bei uns anwenden.

Kardätsche: Die Kardätsche ist eine sehr weiche Bürste. Mit ihr streichst du das Fell nach dem Putzen mit dem Striegel in Wuchsrichtung glatt. Das holt den Staub aus dem Fell und lässt es wieder glatt und schön aussehen. Mit der Kardätsche darfst du auch den Kopf des Pferdes bürsten. Die Pferde genießen dies sehr. Wir Steckenpferde auch!

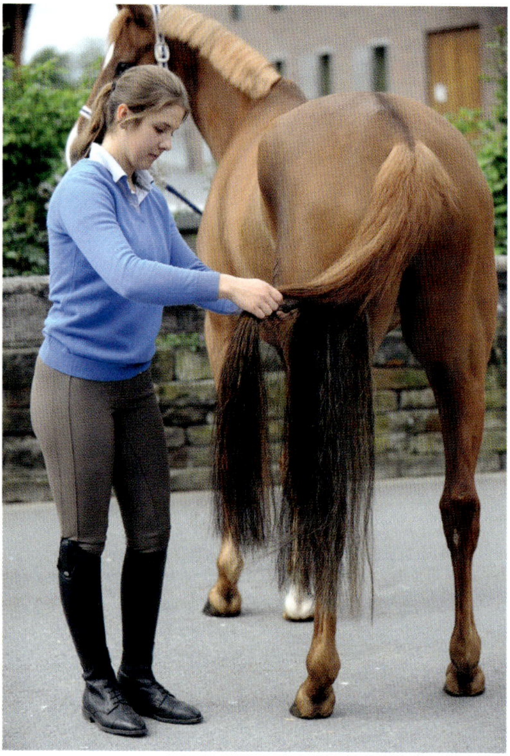

Verlesen der Schweifhaare mit der Hand

Kamm/Mähnenbürste: Der Kamm ist für die Mähne. Kämme aber nicht den Schweif, sonst wird er immer dünner. Statt des Mähnenkamms kannst du eine spezielle Mähnenbürste für unsere schönen Mähnen verwenden, mit der du die Haare glatt bürstest. Sie ist weicher und du reißt weniger Haare aus.

Die Schweifhaare eines Pferdes werden vorsichtig mit deinen Fingern verlesen.

Jedes Pferd sollte sein eigenes Putzzeug haben, das aus hygienischen Gründen nicht für andere Pferde benutzt wird. Es wird separat, zum Beispiel in einer Putzbox, Putztasche oder in deinem Steckenpferde-Rucksack aufbewahrt.
Meinst du, dass wir Steckenpferde auch eigenes Putzzeug haben können, mit dem du uns regelmäßig pflegst? Darüber würden wir uns sehr freuen.

Hufkratzer: Die Hufe eines Pferdes müssen regelmäßig mit dem Hufkratzer gereinigt werden. Dabei kratzt du vorsichtig Schmutz und Steinchen aus den seitlichen Strahlfurchen. Achte darauf, dass du den empfindlichen Strahl in der Mitte des Hufes nicht verletzt.

Vier Hufe haben wir Steckenpferde zwar nicht, die gepflegt und sauber gehalten werden müssen, aber dafür hast du zwei Füße. Achte darauf, dass du bei unserem gemeinsamen Training immer bequeme Schuhe (zum Beispiel Turnschuhe) trägst, die dir gut passen und mit denen du gehen, laufen, hüpfen und springen kannst.

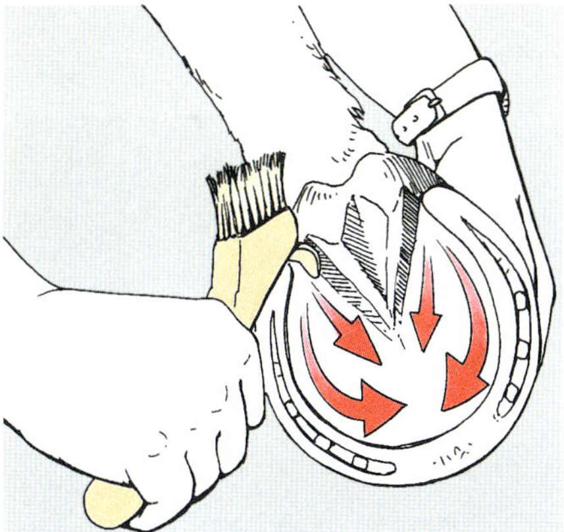

Hufe richtig auskratzen

1.6 Die Ausrüstung des Pferdes

Zu jedem Reitpferd gehört eine Ausrüstung. Zur Grundausrüstung zählen das Halfter und der Anbinde- und der Führstrick, die Trense und meistens ein Sattel. Jedes Pferd hat eine eigene Ausrüstung, die dem Pferd angepasst wird und die es nicht mit anderen Pferden teilt.
Das trifft genauso auf mich und auf alle anderen Steckenpferde zu. Jeder von uns hat sein eigenes Kopfstück, das heißt, sein eigenes Halfter und/ oder seine eigene Trense. Du kannst bei der Wahl der Farbe und der Verzierung deiner Fantasie freien Lauf lassen.
Genau wie die Kleidung der Pferde müssen übrigens auch deine Anziehsachen für das Reiten gut passen.

Halfter und Strick: Pferde tragen ein Halfter. Das ist ein Kopfstück, das dem Pferd über den Kopf gestreift und mit einer Schnalle oder einem Haken geschlossen wird.
Pferde tragen das Halfter, wenn sie zum Beispiel aus der Box, zum Putzplatz oder zur Weide geführt werden. Zum Führen und Anbinden gehört immer ein Strick, der mit einem speziellen Verschluss am Halfter befestigt wird.
Steckenpferde können zwar nicht weglaufen, aber dein Steckenpferd hätte sicherlich auch gerne ein schönes Halfter. Dafür kannst du zum Beispiel Filz, Gurtband, Stoffreste, aber auch Nylon oder Leder, wie für das Halfter echter Pferde verwenden. Hast du schon eine Idee, wie das Halfter deines Pferdes aussehen soll?

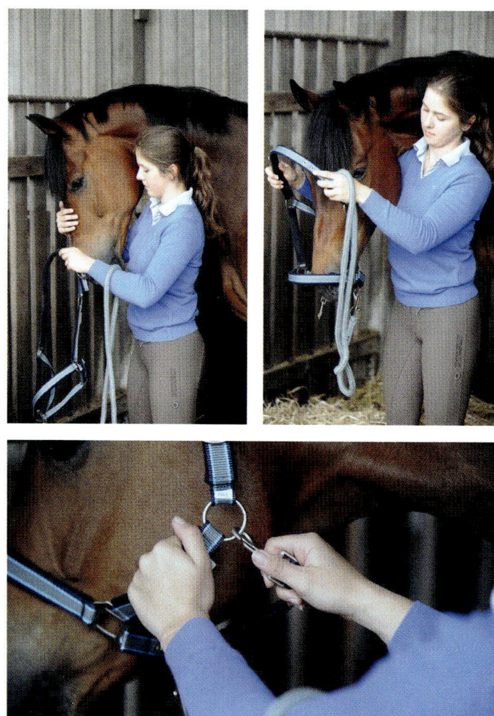

Überstreifen und Schließen des Halfters

Hier siehst du, wie der Sicherheitsknoten zum Anbinden gemacht wird

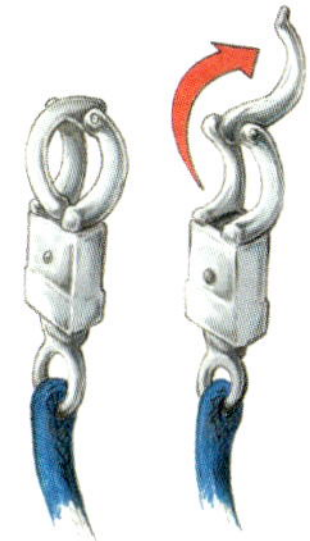

Anbindestrick mit Panikhaken

Beim Putzen wird das Pferd mit einem speziellen Sicherheitsknoten an einem fest verankerten Anbindering festgebunden. Dieser Knoten kann zum Beispiel bei Panik des Pferdes ganz schnell gelöst werden. Wichtig ist, dass Pferde niemals an beweglichen Gegenständen wie Boxen-/Türen, Fenstern, Zaunlatten etc. angebunden werden. Überleg dir mal, warum das so ist?
Wenn das Pferd am Strick zieht und sich diese Gegenstände lösen, kann das Pferd in Panik geraten und flüchten, obwohl es noch an diesen Gegenständen angebunden ist. Dabei kann sich das Pferd verletzen.

Ich habe eine gute Idee: Du kannst diesen Knoten üben, indem du dein Steckenpferd mit dem Sicherheitsknoten zum Beispiel am Gartenzaun anbindest. Wenn du dann einmal ein echtes Pferd anbinden musst, kannst du den Knoten bereits.

Das Pferd mit Halfter und Führstrick

Trense: Die Trense ist ein sehr wichtiger Ausrüstungsgegenstand. Die Trense besteht aus einem Genickstück mit seitlichen Backenstücken, in denen ein Trensengebiss eingeschnallt wird. Das Gebiss wird dem Pferd in das Maul gelegt. Ein Kehlriemen und ein Stirnband halten die Trense sicher am Kopf des Pferdes. Meistens wird zusätzlich ein Reithalfter verwendet. Das ist ein Nasenriemen, der ebenfalls ein Teil der Trense ist. Um ein Pferd mit der Trense führen oder reiten zu können, brauchst du Zügel. Sie werden an die Ringe des Trensengebisses angebracht und sind eine Verbindung zwischen dem Maul des Pferdes und deiner Hand. So brauchst du zur Verständigung mit dem Pferd nur Signale am Zügel geben und nicht daran ziehen.

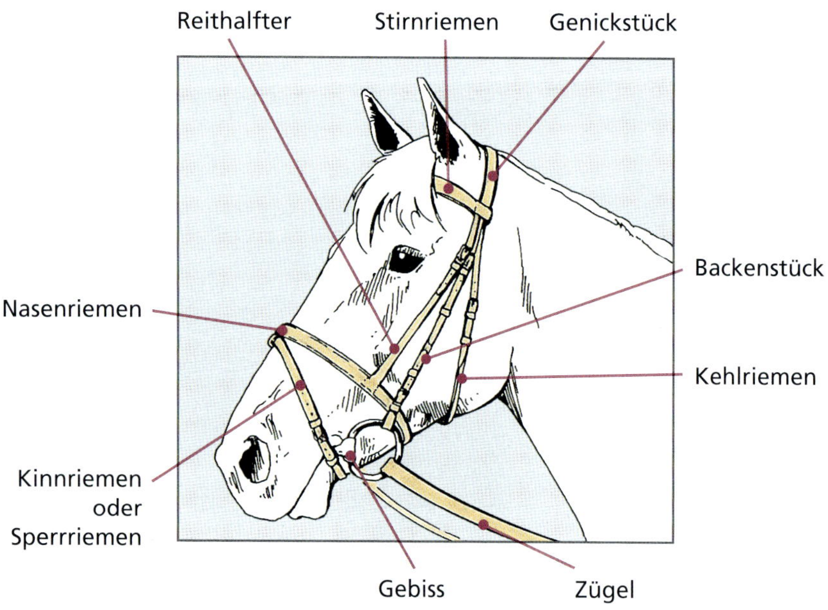

Jetzt wird es ernst, denn zum Reiten deines Steckenpferdes benötigst du auf jeden Fall eine Trense, ein Halfter oder einen Halsriemen. Wie sollst du ihm sonst die Richtung anzeigen, in die es gehen soll?

Ob dein Pferd ein Gebiss ins Maul bekommen soll, entscheidest du. Du kannst auch eine gebisslose Zäumung wählen, so wie ich sie trage. Dann kannst du die Zügel am Reithalfter, also am Nasenriemen befestigen.

Wichtig ist, dass die Zügel nicht zu lang sind, damit du dich nicht verhedderst.

Damit die Trense gut sitzt, sollte auch ein Stirnriemen nicht fehlen. Der Stirnriemen ist gleichzeitig Schmuck für jedes Pferd. Hast du schon eine Idee, wie er aussehen könnte: zum Beispiel einfarbig oder mehrfarbig, eine Kette oder mit Perlen besetzt oder doch lieber ganz schlicht?

Wie soll die Trense deines Steckenpferdes aussehen? Zeichne doch zunächst ein Bild, wie sie aussehen soll.

2 Los geht's! – Dein erster Ritt mit deinem Steckenpferd

Nachdem du jetzt viele Informationen rund um Pferde erhalten hast, willst du wahrscheinlich endlich los reiten. Nun ist es soweit!

2.1 Die Hufschlagfiguren und Bahnpunkte

Reitbahnen, wie Reitplätze und Reithallen, werden für das Dressur- und Springreiten benutzt. Sie sind immer rechteckig. Da das Abgrenzen eines solchen Platzes schwierig ist, bitte gegebenenfalls deine Eltern oder Lehrer um Hilfe. Zur Abgrenzung des Platzes kannst du zum Beispiel Seile, Steine, Absperrbänder oder Äste benutzen.
In den Reitbahnen gibt es an bestimmten Stellen Markierungen, die mit großen Buchstaben gekennzeichnet sind. Jeder Reiter sollte dieses Reiter-ABC kennen.

Rechteckige Reitbahn, mit der 1. Hufschlaglinie und mit Bahnpunkten

Um sich diese Bahnpunkte besser zu merken, gebe ich dir eine lustige Eselsbrücke:
Alle **K**ühe **E**ssen **H**eu,
Cälber **M**ögen **B**esseres **F**utter
Richtig! Du hast den Schreibfehler bemerkt? Cälber schreibt sich eigentlich mit K.
Vielleicht fällt dir ja selbst ein anderer Spruch ein, damit du dir die Bahnpunkte merken kannst.

Notiere ihn dir hier:

....

....

Hinweis für Eltern, Erzieher und Reit-/Lehrer

Für die kleinen Kinder, die noch nicht lesen können, können die Bahnpunkte mit Bildern gekennzeichnet werden:

- *Affe*
- *Kamel*
- *Esel*
- *Hund*
- *Clown*
- *Maus*
- *Bär*
- *Fuchs*

Wenn du nun in einer Halle oder auf einem abgegrenzten Platz reitest, hast du die Möglichkeit, nicht nur immer ganze Bahn, also geradeaus an den Seiten der Bahn auf dem 1. Hufschlag entlang, zu reiten, sondern auch auf geraden und gebogenen Linien. Das macht dir und deinem Steckenpferd nicht nur Spaß, sondern es hält euch fit und gelenkig. Deshalb möchte ich dir ein einige Hufschlagfiguren vorstellen.

Die meisten Hufschlagfiguren berühren den Hufschlag. Schau dir nochmal die Zeichnungen der Hufschlagfiguren an.

- Ganze Bahn auf dem 1. Hufschlag
- Durch die Länge der Bahn reiten/wechseln; Auf die Mittellinie abwenden
- Durch die ganze Bahn wechseln
- Durch die halbe Bahn wechseln
- Auf dem Zirkel geritten
- Volte
- Einfache Schlangenlinie an der langen Seite
- Schlangenlinie durch die ganze Bahn mit 3 Bögen

GANZE BAHN

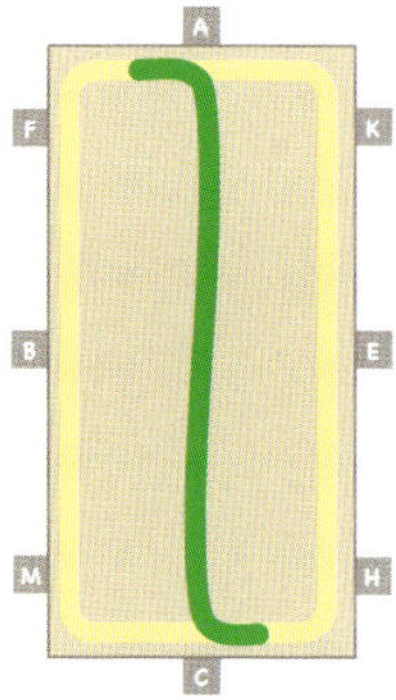

AUF DIE MITTELLINIE ABWENDEN

DURCH DIE LÄNGE DER BAHN WECHSELN

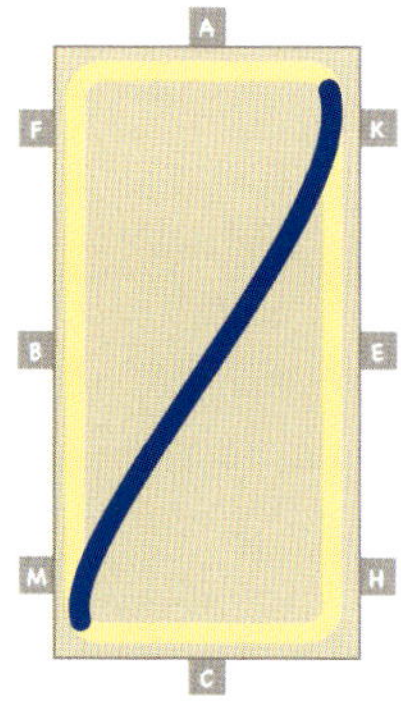

DURCH DIE GANZE BAHN WECHSELN

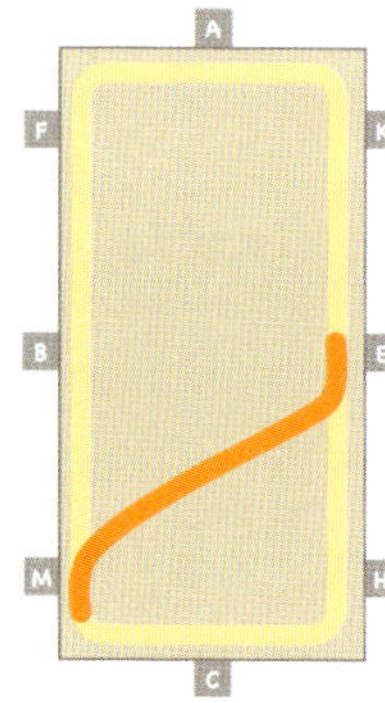

DURCH DIE HALBE BAHN WECHSELN

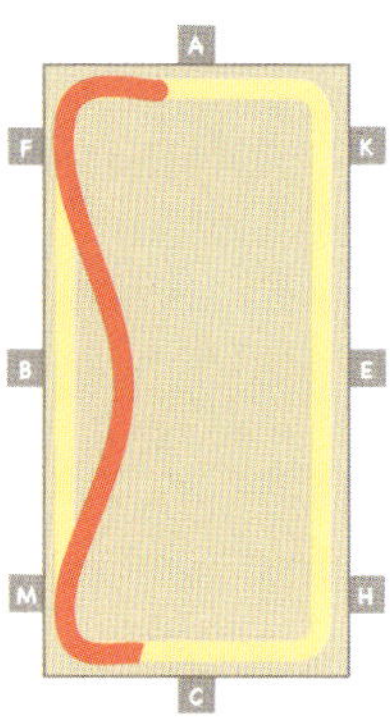

EINFACHE SCHLANGEN-LINIE AN DER LANGEN SEITE

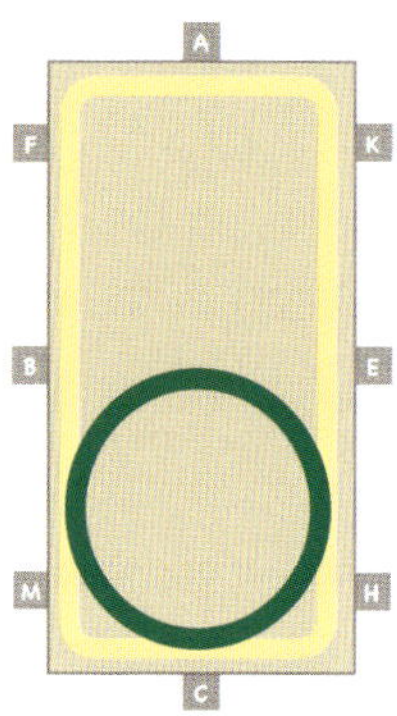

AUF DEM ZIRKEL

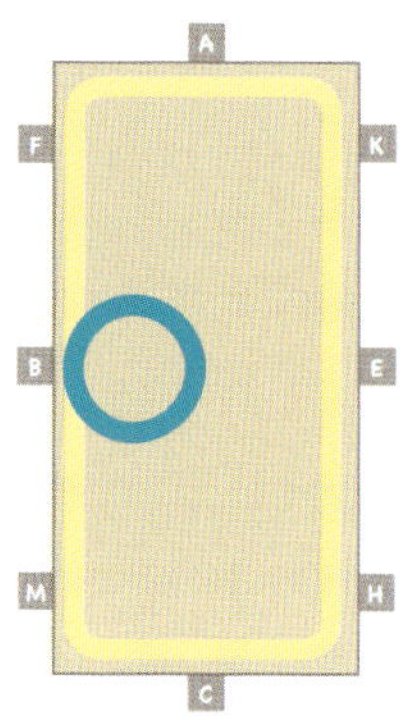

VOLTE

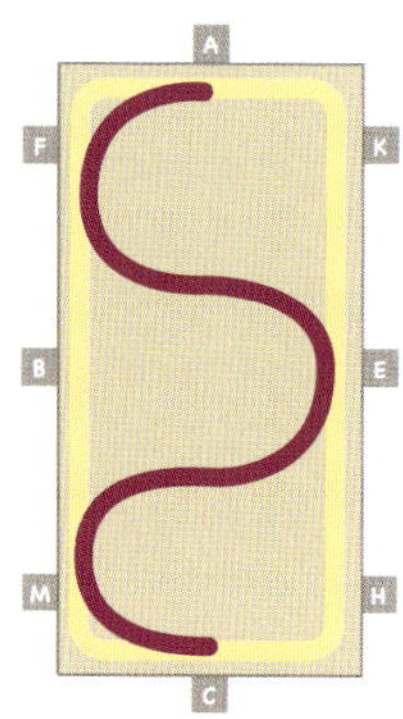

SCHLANGEN-LINIE DURCH DIE GANZE BAHN MIT DREI BÖGEN

2.1.1 Die Bahnregeln

Um Zusammenstöße und Unfälle zu vermeiden, sind auch beim Reiten „Verkehrsregeln", die sogenannten „Bahnregeln" zu beachten. Das trifft nicht nur für das Reiten mit echten Pferden zu, sondern ebenso für das Steckenpferd-Reiten. Glaub mir, ein Zusammenstoß kann sehr wehtun. Befindest du dich zum Beispiel in einer Halle, einem Raum oder auf einem abgesteckten Platz, spricht man von dem Reiten auf der linken und auf der rechten Hand. Beim Reiten auf der rechten Hand ist deine rechte Hand auf der Innenseite, sie zeigt also zur Bahnmitte und du reitest im Uhrzeigersinn. Beim Reiten auf der linken Hand ist dann die linke Hand innen und du reitest gegen den Uhrzeigersinn. Solltet du mit mehreren Reitern zusammen reiten, muss immer der Reiter, der gerade auf der rechten Hand reitet, nach innen ausweichen. Der Reiter, der auf der linken Hand reitet, hat Vorfahrt – d.h. er reitet entlang der Wand, also auf dem 1. Hufschlag, weiter.

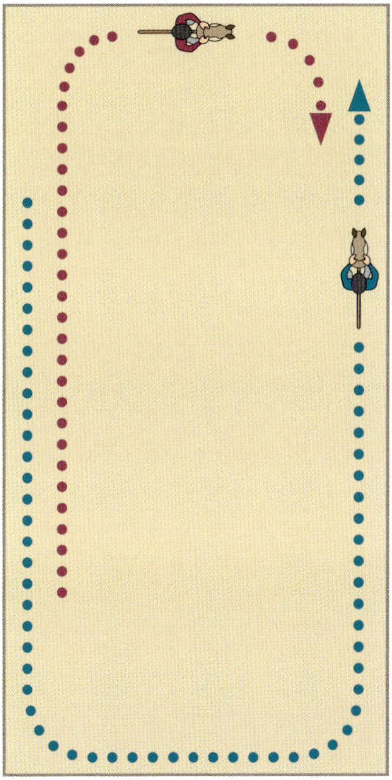

Linke Hand: Vorfahrt

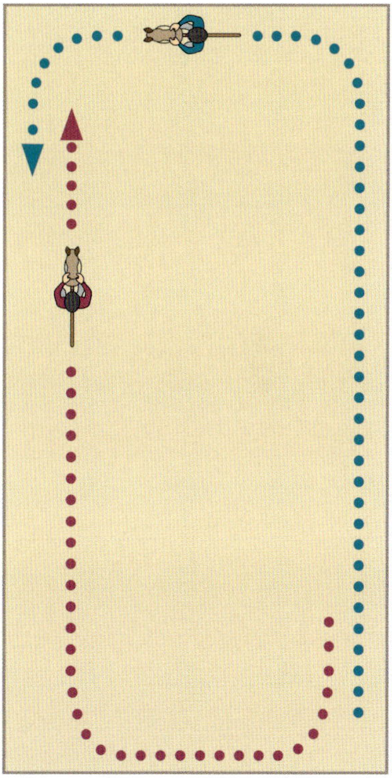

Rechte Hand: Ausweichen

Ich weiß, diese Verkehrsregeln sind nicht leicht zu befolgen. Am besten üben wir beide sie mit deinen Freunden. Übung macht den Meister.

Zeichne in unterschiedlichen Farben die Bahnpunkte und die Hufschlagfiguren, die du schon kennst, ein:

2.2 Die Gangarten

Die Hufschlagfiguren, die du nun schon kennst, kannst du in den unterschiedlichen Gangarten des Pferdes reiten.

Der Schritt

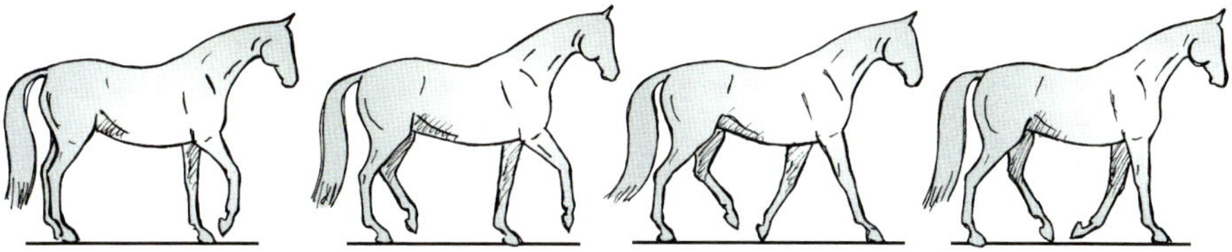

Der Trab

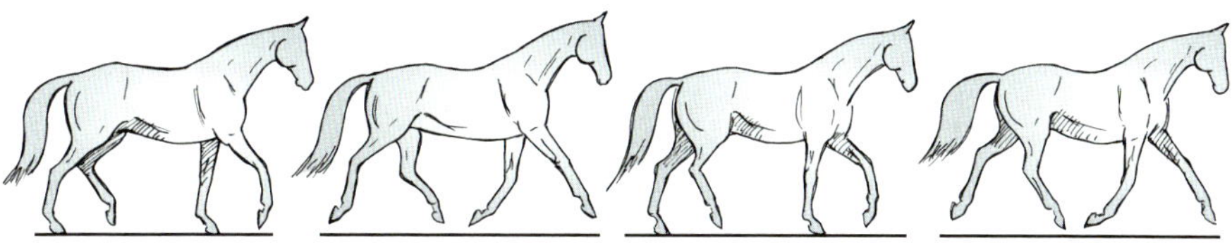

Der Galopp

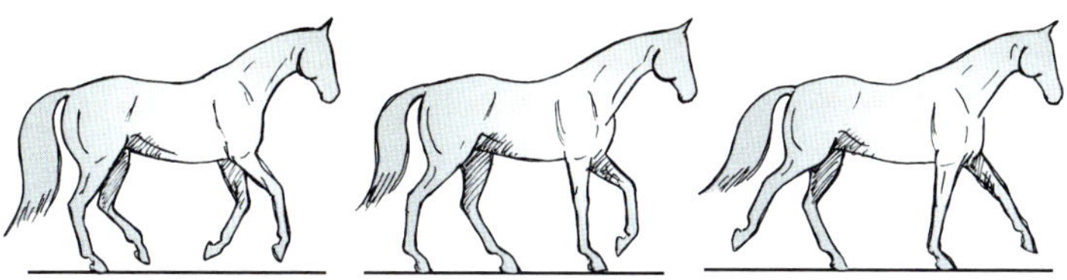

Pferde verfügen über drei Grundgangarten: Schritt, Trab und Galopp. Für deinen ersten Ritt auf deinem Steckenpferd ist es wichtig, dass du diese genau kennst und unterscheiden kannst, denn du bewegst dich in den drei Grundgangarten eines Pferdes. Das sind der Schritt, der Trab und der Galopp, auf geraden und gebogenen Linien. Sicherlich hast du Pferde schon einmal in diesen drei Gangarten laufen sehen und hast versucht, diese nachzumachen? Nein? Dann solltest du das rasch nachholen.

Schritt: Der Schritt ist die langsamste Gangart des Pferdes. Alle vier Beine werden gleichmäßig nacheinander bewegt. Auf einem harten Untergrund hörst du deutlich das Aufsetzen der vier Hufe. Du hörst also einen Viertakt.

Jetzt bist du dran: Versuche mit deinem Steckenpferd den ersten Schritt, mache große Schritte und probiere deine Zehenspitzen dabei zu strecken und zuerst auf dem Boden aufzusetzen. Gehe fleißig, jedoch nicht zu schnell und nicht zu langsam. Diesen normalen Schritt bezeichnet man in der Reitersprache als **Mittelschritt**. Es gibt auch noch den **versammelten Schritt**, der von fortgeschrittenen Reitern und Pferden geritten wird. Möchtest du es mal probieren? Dann solltest du dich mehr aufrichten, eine stolze Haltung einnehmen, und die Schrittlänge etwas verkürzen. Das sieht ja schon ganz gut aus.

Rückwärts richten: Ja, du liest richtig, ein Pferd kann auch rückwärts treten. Da das sehr anstrengend ist, sollte es nicht zu häufig und zu lange geübt werden, und immer nur einige Tritte.
Lass es uns auch einmal versuchen, rückwärts zu treten. Aber pass auf, dass wir nirgendwo gegen laufen. – Also Tritt für Tritt gehen wir langsam, aber gleichmäßig zurück. Wir sprechen nicht von Schritten, sondern von Tritten, weil im Rückwärtstreten das Pferd genauso wie im Trab diagonal tritt.

Trab: Der Trab ist etwas schneller als der Schritt. Manchmal denkt man, dass das Pferd über dem Boden schwebt. Es werden immer zwei Beine gleichzeitig bewegt: vorn links und hinten rechts, dann vorn rechts und hinten links (diagonal). So hörst du einen Zweitakt.
Beim Traben kannst du entweder im Sattel sitzen bleiben – dies nennt man „Aussitzen" oder du kannst „leichttraben". Leichtgetrabt wird zum

Beispiel zum Lockern von Pferd und Reiter zu Beginn der Reitstunde oder im Gelände. Ich erkläre dir, wie das mit einem echten Pferd geht. Du stehst im Takt des Trabes auf und setzt dich wieder hin. Dabei stehst du aber nur so weit auf, wie dich die Bewegung des Pferdes mitnimmt.
Beim Aussitzen sitzt du tief im Sattel und gehst elastisch und geschmeidig mit der Pferdebewegung mit. Anfangs ist das schon schwierig und anstrengend. Aber wenn du regelmäßig übst, wirst du es schnell lernen. Das Reiten mit deinem Steckenpferd im Trab kann dir dabei sehr helfen.

Den Trab kannst du unterschiedlich reiten. Damit ist nicht unbedingt die Schnelligkeit gemeint, sondern vor allem ein Verlängern bzw. Verkürzen der Tritte. Ich versuche es dir für den Trab und anschließend auch für den Galopp zu erklären.

Im Trab unterscheidet man den normalen Trab, der als Arbeitstrab bezeichnet wird, das Tritte-Verlängern, den Mitteltrab und den versammelten Trab. Im **Arbeitstrab** läufst du in einem lockeren Grundtempo, nicht zu langsam, nicht zu schnell. Versuche nun mit mir zu traben. Probiere deine Füße hierbei zu strecken und mit den Zehenspitzen zuerst auf dem Boden aufzusetzen. Beim **Tritte-Verlängern** steigerst du etwas das Tempo und verlängerst gleichzeitig deine Trabtritte. Beim **Mitteltrab** musst du dich schon etwas mehr anstrengen. Deine Trabtritte werden nicht eiliger, dafür aber noch länger und ausdrucksvoller. Beim **versammelten Trab** werden deine Trabtritte etwas langsamer, kürzer und erhabener. Das erreichst du, indem du in der Bewegung deine Knie etwas höher ziehst.

Oh, das sieht aber sehr schön aus. Ich bin sehr stolz auf uns.

Galopp: Mit dem Galopp ist das Pferd am schnellsten. Es werden immer zwei Beine gleichzeitig und zwei Beine nacheinander bewegt. Hören kann man deshalb einen Dreitakt. Es gibt den Rechts- und Linksgalopp.

Wollen wir das auch mal probieren?

Man nennt das Pferdchengalopp. Je nachdem ob du im Links- oder im Rechtsgalopp galoppierst, springt dein linkes oder rechtes Bein voraus und wird stärker angewinkelt.

Auch hier gibt es unterschiedliche Möglichkeiten, den Galopp zu reiten.
Beim **Arbeitsgalopp** hopst du gleichmäßig, weder zu langsam noch zu schnell. Aber jeder Hopser muss klar zu erkennen sein.
Beim **Sprünge-Verlängern** verlängerst du, wie der Name schon sagt, deine Galoppsprünge und steigerst dabei das Tempo etwas.
Und beim **Mittelgalopp** darfst du auch gerne etwas Gas geben. Dabei werden deiner Hopser noch länger und kraftvoller.
So, jetzt lass es uns mal probieren. Erst der Arbeitsgalopp, dann verlängern wir die Galoppsprünge etwas und anschließend legen wir noch etwas mehr zu zum Mittelgalopp. Ui, das macht Spaß! Aber vergiss das Bremsen nicht. Zum Beispiel kannst du dein Tempo zum Arbeitsgalopp oder sogar zum versammelten Galopp verlangsamen.
Im **versammelten Galopp** werden deine Pferdchensprünge kürzer und dadurch etwas erhabener. Lass uns dies jetzt auch probieren. Ist das anstrengend?

Außengalopp: Oh, was ist das denn? Das ist eine Übung für fortgeschrittene Reiter. Ich versuche es dir zu erklären. Wenn du rechts herum galoppierst, dann springt dein rechtes Bein vor, so wie ich es dir oben schon beschrieben habe. Wenn du links herum galoppierst, dann springst du mit deinem linken Bein vor. Jetzt stelle dir bitte vor, du wechselst die ganze Bahn und galoppierst einfach weiter. Was passiert? Wenn du rechts herum reitest, springt dein linkes Bein vor, links herum reitend das rechte. Merkst du was? Das ist anstrengend und in den Ecken der Bahn musst du das Tempo etwas verringern, um das Gleichgewicht nicht zu verlieren. Genauso ist es bei echten Pferden auch. Deshalb ist das auch schon eine Lektion für fortgeschrittene Pferde und Reiter.

2.2.1 Wechsel der Gangarten

Du kannst von einer Gangart in eine andere Gangart wechseln oder auch innerhalb einer Gangart das Tempo wechseln. Du reitest also sogenannte Übergänge innerhalb einer Gangart oder zwischen den Gangarten. Beim Wechsel von einer höheren in eine niedrigere Gangart, oder auch zum Halten, „parierst" du durch. Das ist der Fachbegriff in der Reitersprache. Das Reiten von Übergängen kann nicht nur für echte Pferde sehr anstrengend werden, sondern auch für uns. Jeder Übergang soll flüssig durchgeführt werden, du darfst nicht ins Stocken oder Stolpern kommen oder den Rhythmus verlieren. Du musst also immer im Gleichgewicht (s. Seite 20) bleiben, egal ob du zwischen den Gangarten oder innerhalb einer Gangart das Tempo wechselst.

Wollen wir es mal probieren? Reite folgende Übergänge mit deinem Steckenpferd: Schritt – Halt; Schritt – Trab; Trab – Galopp; Trab – Halt

Es geht noch weiter. Ich habe dir vorhin den Außengalopp erklärt und wie anstrengend er ist. Du kannst im Galopp beim Wechseln der Hand auch den Galopp wechseln, damit du nicht im Außengalopp weiter reiten musst. Dafür gibt es zum Beispiel den **einfachen Galoppwechsel**. Diesen reitest du, indem du vom Galopp zum Schritt wechselst und nach ein paar Schritten wieder neu angaloppierst.
Zum Beispiel galoppierst du im Linksgalopp durch die ganze Bahn. Kurz vor dem Wechselpunkt (F oder H) wechselst du zum Schritt, gehst drei bis fünf Schritte und galoppierst dann im Rechtsgalopp an.

Übe das doch jetzt gleich mal mit deinem Steckenpferd.

Sollte uns dieser einfache Wechsel perfekt gelingen, probieren wir, eine ganz schwierige Lektion zu reiten.

Das ist der **fliegende Galoppwechsel**. Diese Lektion wird von Reitern und Pferden geritten, die schon sehr weit ausgebildet sind. Ich will mal schauen, ob wir da mithalten können? Traust du dir schon zu, einen fliegenden Wechsel mit deinem Steckenpferd zu reiten? Ich bin davon überzeugt, wenn er euch gelingt, wird es euch großen Spaß bereiten, ihn auszuführen. Denke dabei an den Hopserlauf wie beim Turnen.

Fliegender Wechsel für Steckenpferde-Reiter

Du galoppierst zum Beispiel im Rechtsgalopp. Um nun in den Linksgalopp zu wechseln, machst du einen verkürzten Hopser mit dem rechten Bein und führst das linke Bein vermehrt vor. Das probierst du auch von links nach rechts. Kann es sein, dass dir zunächst eine Seite leichter fällt als die andere? So geht es echten Pferden auch. Also sei nicht frustriert, wenn der fliegende Wechsel nicht sofort gelingt. Auch viele Reiter und Pferde müssen eine ganz Zeit üben, bevor sie diese Übung selbstverständlich beherrschen.

**Wenn ihr fleißig übt, seid ihr bereit, die folgenden Dressuraufgaben zu reiten.
Was meint ihr, wollt ihr es probieren?**

2.3 Dressurreiten/Quadrillenreiten/ Kürreiten/Vorführungen

Nun wird es etwas schwieriger. Bist du bereit? Nachfolgend findest du zwei Dressuraufgaben. Diese kannst du auswendig lernen oder dir vorlesen lassen.

Vielleicht suchst du auch noch eine passende Musik dazu aus, das nennt man dann „Kür" und macht ganz bestimmt noch mehr Spaß.
Wie in richtigen Dressurprüfungen kannst du von Prüfern oder auch deinen Lehrern oder Eltern eine Note für deinen Ritt erhalten. Der Steckenpferd-Reiter mit der höchsten Wertnote gewinnt.

Beim Springen ist es der Reiter, der keine Fehler hat und am schnellsten ist.

2.3.1 Dressurwettbewerb „Hobby Horsing“ für Einsteiger

Bewertung: Bewertet werden die Gangarten, die Leichtigkeit der Bewegungen, die Eleganz und Ausdauer sowie das Einhalten der korrekten Hufschlagfiguren und die Haltung des Reiters. Es wird eine Wertnote zwischen 10 und 0 (eine Dezimalstelle) gegeben. Die Teilnehmer werden entsprechend ihrer Leistung rangiert (platziert).
Die Aufgabe wird vorgelesen. Für das erste Verreiten gibt es einen Abzug von 0,2 Punkte, für ein weiteres Verreiten einen Abzug von 0,4 Punkte.

(A-X)	Einreiten im Schritt. Im Mittelpunkt halten. Grüßen. Im Schritt anreiten.
(C)	Rechte Hand.
(M)	Im Arbeitstempo antraben, dann ganze Bahn.
(K-X-M)	Durch die ganze Bahn wechseln, dabei Tritte verlängern.
(M)	Im Arbeitstempo, dann ganze Bahn.
(A-X-A)	Mitte der kurzen Seite im Arbeitstempo links angaloppieren und auf dem Zirkel geritten (1-mal herum).
(A)	Mitte der kurzen Seite Arbeitstrab.
(A-X-C)	Aus dem Zirkel wechseln.
(C)	Mitte der kurzen Seite im Arbeitstempo rechts angaloppieren, ganze Bahne (1/2-mal herum).
(A)	Mitte der kurzen Seite Arbeitstrab.
(E)	Halbe Volte rechts.
(X)	Im Mittelpunkt eine Pferdelänge geradeaus, danach halbe Volte links.
(B)	Ganze Bahn.
(A-X)	Auf die Mittellinie abwenden. Im Mittelpunkt vor den Richtern halten. Grüßen.

Dressurwettbewerb für Einsteiger

Dressurwettbewerb für Fortgeschrittene

2.3.2 Dressurwettbewerb „Hobby Horsing" für Fortgeschrittene

Bewertung: s. linke Seite

(A-X)	Einreiten im Arbeitstrab. Im Mittelpunkt halten. Grüßen. Im Arbeitstempo antraben.
(C)	Rechte Hand, dann ganze Bahn.
(K-X-M)	Im Mitteltrab durch die ganze Bahn wechseln.
(M)	Versammelter Trab.
(E)	Volte.
(K)	Im versammelten Tempo links angaloppieren.
(F-E)	Ohne Galoppwechsel durch die halbe Bahn wechseln.
(E-H-C)	Außengalopp.
(C)	Versammelter Trab, dann ganze Bahn.
(B)	Volte.
(F)	Im versammelten Tempo rechts angaloppieren.
(A-X-C)	Durch die Länge der Bahn wechseln mit einfachem Galoppwechsel im Mittelpunkt.
(H-K)	Mittelgalopp.
(K)	Versammelter Galopp.
(F)	Versammelter Trab.
(B)	Halten. Eine Pferdelänge rückwärtsrichten, daraus im Schritt anreiten.
(C)	Im versammelten Tempo links angaloppieren.
(H-X-F)	Versammelter Galopp.
(X)	Fliegender Galoppwechsel.
(F-A-K)	Versammelter Galopp.
(K-H)	Mittelgalopp.
(H)	Versammelter Galopp.
(M)	Versammelter Trab.
(A-X)	Auf die Mittellinie abwenden. Im Mittelpunkt vor den Richtern halten. Grüßen.

Du kannst aber auch einmal eine Vorführung allein oder zusammen mit anderen Kindern und ihren Steckenpferden einstudieren.

Wenn du viel lieber gemeinsam mit deinen Freunden reiten willst, probiert doch einmal das **Quadrillen-Reiten** (s. Foto S. 67) aus. Hierbei reitet ihr gemeinsam Hufschlagfiguren, die aufeinander abgestimmt werden. Ihr könnt hintereinander oder auch nebeneinander als Paar reiten. Mit der passenden Musik entsteht eine richtige **Kür**, die ihr später vorführen könnt.

Deine Vorführung oder die Kür könnt ihr dann euren Eltern, Großeltern, Bekannten und Freunden vorreiten.

Dies sind nur einige Ideen, auch hier sind deiner Kreativität keine Grenzen gesetzt.

2.4 Springreiten

Springreiten kennst du sicherlich; hier überwindet das Pferd unterschiedliche Hindernisse in einer vorgegebenen Zeit. Um mit deinem Steckenpferd zu springen, brauchst du zunächst Hindernisse. Anfangs können zum Beispiel Besenstiele als Hindernisstangen dienen und zwei umgedrehte Eimer oder Hocker zum Auflegen der „Hindernisstangen". Achte nur darauf, dass du die Hindernisse nicht höher baust, als du springen kannst und du dich nicht verletzt.
Als Alternative könnt ihr zunächst über Äste oder Baumstämme springen.

Fang am besten mit schmalen Ästen und Baumstämmen an, damit du dein Steckenpferd nicht überforderst. Nach und nach wählst du dickere Äste und Baumstämme. Genauso wie die richtigen Reiter es mit ihren Pferden machen. Ganz langsam erhöhen sie die Anforderungen an sich und ihr Pferd.

Nachfolgend stelle ich dir die unterschiedlichen Sprungarten vor, vielleicht kannst du einige nachbauen. Achte aber immer darauf, dass die Stange leicht herunterfallen kann.

Trab- und Galoppstangen

Dies sind Hindernisstangen, die auf dem Boden oder nur knapp über dem Boden liegen, und über die zunächst im Schritt, danach im Trab und zuletzt im Galopp geritten wird. Die Stangen liegen einzeln in der Reitbahn oder es liegen mehrere Stangen hintereinander. Die Abstände der Stangen sind meistens gleich, sie hängen jedoch ab von der Gangart und der Länge der Schritte, Trabtritte und Galoppsprünge des jeweiligen Pferdes.

Die Stangen am Boden müssen vor dem Wegrollen gesichert sein, falls das Pferd davor oder darauf treten sollte.

Cavaletti

Ein Cavaletti ist ein niedriges Hindernis. Dieses Hindernis kann man durch Drehen auf unterschiedliche Höhen einstellen.

Kreuz

Ein Kreuz ist ein kleiner Sprung aus zwei Stangen, die sich in der Mitte kreuzen.

Steilsprung

Ein Steilsprung ist ein Sprung, bei dem die Stangen gerade zwischen zwei Ständern eingehängt werden.

Im Galopp über Cavaletti.

Ein Sprung über ein Kreuz. Das können du und dein Steckenpferd auch!

Mit dem Steckenpferd fehlerfrei über einen Steilsprung.

Oxer

Ein Oxer ist ein Hindernis, bei dem zwei Steilsprüngen dicht hintereinander aufgestellt werden. Allerdings besteht der hintere Sprung nur aus einer Stange, die ein klein wenig höher als die oberste Stange des vorderen Sprungs ist. Der Oxer wird mit einem Sprung überwunden, sodass das Pferd nicht nur hoch, sondern auch weit springen muss.

Ein Oxer. Das sieht aber sehr schwierig aus. Ist es aber gar nicht! Wir könnten unseren ersten Oxer doch erst einmal ganz niedrig und eng aufbauen.

Wassergraben

Ein Wassergraben kann sich sowohl unter einem Hindernis befinden, als auch ein eigenes Hindernis darstellen.

Hier springt ein richtiger Pferdekumpel über einen kleinen Steilsprung mit „Wassergraben" (Plastikplane). Diesen Sprung kannst du für dich und dein Steckenpferd gut nachbauen.

Einen Wassergraben kannst du zum Beispiel ganz leicht aus einer blauen Plastikplane oder einem blauen Müllsack basteln, die du im Baumarkt kaufen kannst. Plane oder Müllsack legst du einfach auf den Boden, als Weitsprung oder unter ein Hindernis, sodass du mit deinem Steckenpferd hoch und weit springen musst.

Um nicht auf der Plane oder dem Müllsack auszurutschen, wenn du versehentlich beim Überspringen drauftrittst, solltest du Plane bzw. Müllsack zum Beispiel mit Sand oder Steinen beschweren.

Für die ersten Versuche ist auch ein ausgebreitetes Handtuch oder eine (blaue) Decke geeignet, um darüber zu springen.

So, jetzt springst du erst über einzelne Hindernisse und wenn das klappt, dann kannst du deinen ersten Parcours überwinden. Genauso machen es die Reiter mit den echten Pferden.

2.4.1 Parcoursidee

Die Bewertung erfolgt nach Strafpunkten und gebrauchter Zeit. Folgende Strafpunkte werden gegebenenfalls addiert:

- Je Hindernisfehler: 4 Punkte
- Erstes Verweigern: 4 Punkte
- Zweites Verweigern: 8 Punkte

Ein Hindernisfehler bedeutet, dass eine oder mehrere Stangen eines Hindernisses auf den Boden fallen. Das kann passieren, wenn das Pferd eine Stange berührt und abwirft. Bei einer Verweigerung springt das Pferd nicht über das Hindernis, es bleibt vor dem Hindernis stehen oder läuft an ihm vorbei.

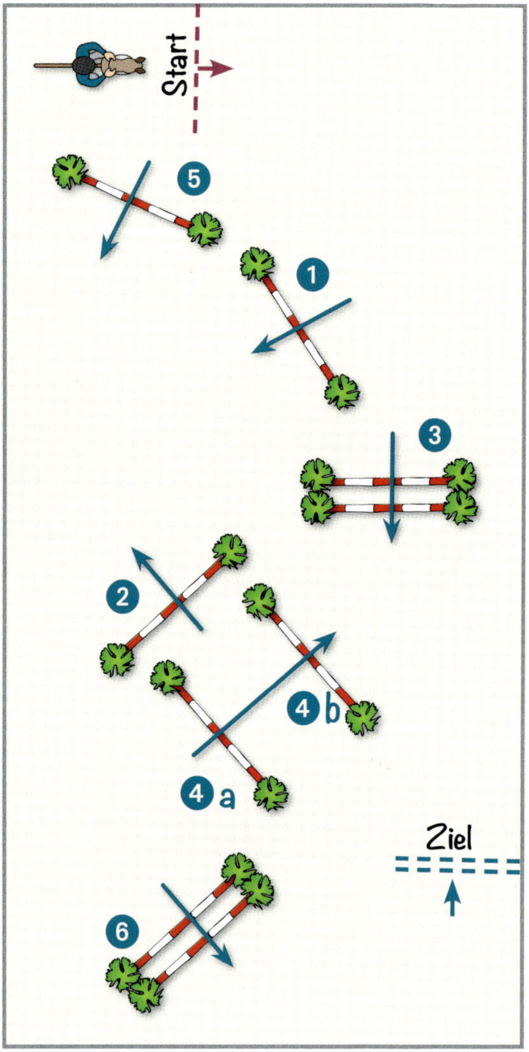

Eine Parcoursidee. Ist das vielleicht auch was für uns?

2.5 Vielseitigkeit, Geländeparcours und Wanderreiten

Sicherlich möchtet ihr, genauso wie Reiter mit ihren Pferden, mit euren Steckenpferden raus in die Natur. Dort kann man bergauf und mal bergab galoppieren, wie ein richtiger Vielseitigkeitsreiter.

Bergauf und bergab zu reiten macht auch mir viel Spaß.

Das Vielseitigkeitsreiten besteht aus drei Teildisziplinen: Dressur, Geländeritt und Springen. Das Dressurreiten und das Springreiten hast du schon kennen gelernt. Beim Geländeritt überwindet der Reiter eine Strecke mit unterschiedlichen Naturhindernissen. Vielleicht reitest du mit deinem Steckenpferd auch mal in den Wald und probierst über Äste und Baumstämme zu springen. Auch kannst du probieren, mit deinem Steckenpferd bergauf und bergab oder im Sommer sogar vielleicht durch Wasser zu traben und zu galoppieren.

Sollte dir das zu anstrengend sein, kannst du es auch erst einmal mit einem Wanderritt durch die Natur probieren. Schnapp dir doch eine Freundin oder einen Freund, der auch ein Steckenpferd hat und reitet im Schritt durch den Wald. Dabei seid ihr an der frischen Luft und könnt möglicherweise Wildtiere und -vögel sehen und beobachten.

Glaub mir, das Reiten in der Natur ist ein ganz besonderes Erlebnis für dich und dein Steckenpferd.

Ein Ausritt mit uns Steckenpferden, auch durchs Wasser, macht ebenso viel Spaß wie mit echten Pferden. Probiert es einfach aus.

2.6 Polo

Mit deinem Steckenpferd kannst du viele Spiele spielen, ein sehr beliebtes, auch im richtigen Reitsport, ist Polo.
Für diesen Sport musst du im Umgang mit deinem Steckenpferd schon etwas erfahren und geschickt, schnell, wendig und nervenstark sein.

Steckenpferdpolo	
Spielfeld	Eine Wiese; Länge und Breite des Spielfeldes werden je nach Anzahl der Spieler festgelegt. Bei fünf Polospielern und Pferden eignen sich 30 m Länge und 15 m Breite. Auf beiden Seiten steht ein Tor.
Spieldauer	3 x 3 Minuten
Spieler-anzahl	Normalerweise wird 6 gegen 6 gespielt, die Zahl kann aber je nach Größe des Spielfelds nach oben oder unten variieren. Bei jeder Spielunterbrechung können Spieler aus- und wieder eingewechselt werden. Einen festen Torwart gibt es nicht.
Schläger	Als Schläger eignen sich handelsübliche Crocket-Schläger. Dieser darf nicht über Schulterhöhe geführt werden.
Spielablauf	Beide Teams stellen sich hinter der eigenen Torlinie auf. Der Ball liegt spielbereit in der Mitte des Spielfeldes. Auf Kommando des Schiedsrichters hin galoppieren beide Teams los und das Spiel kann beginnen. Ziel ist es, den Ball in das Tor des Gegners zu befördern. Der Ball darf nur mit dem Crocket-Schläger gespielt werden. Berührt jemand mit dem Fuß den Ball, bekommt die gegnerische Mannschaft den Ball.
Fortbewe-gung	Jeder Spieler muss sich permanent im Galopp (oder Trab) mit seinem Steckenpferd fortbewegen. Der Stiel des Steckenpferds muss während des gesamten Spiels zwischen den Beinen geführt werden.

Achtung: Eher für ältere Kinder geeignet.

2.7 Mein erstes Turnier

Hobby Horsing macht sowohl miteinander als auch gegeneinander Spaß. Wer von euch schon einmal auf einem Reitturnier gewesen ist, weiß, dass dort alle mitfiebern und die erfolgreichsten Paare Turnierschleifen, Ehrenpreise, Pokale oder kleine Geschenke erhalten.

Hobby Horsing-Turniere gibt es in Deutschland bisher erst wenige, aber vielleicht lädst du einfach all deine Freunde und ihre Steckenpferde ein und eure Lehrer oder Eltern bilden die Jury. Vielleicht könnt ihr gemeinsam ja auch einen Reitverein dafür begeistern, diese Prüfung mit in sein Turnier aufzunehmen. Einen Versuch ist es auf jeden Fall wert.

Einen Eindruck von der Atmosphäre eines Steckenpferd-Turniers kannst du über youtube im Internet erhalten.

Du siehst, wir haben viele Möglichkeiten, miteinander tolle Abenteuer zu erleben. Um lange Freude aneinander zu haben, solltest du gut auf dein Steckenpferd aufpassen und sorgsam mit ihm umgehen, ebenso wie es die richtigen Reiter mit ihrem Pferd tun.

Mit regelmäßigem Training können wir gemeinsam vielleicht auch eine Schleife (s. S. 21) gewinnen.

➔ Kopiervorlage „Urkunde", S. 37

Ich wäre so stolz auf uns!

3 Kleines Reiterwörterbuch

Hier findest du noch einmal die wichtigsten Begriffe aus der Reitersprache.

- **Abteilung** – Alle Reiter und Pferde reiten hintereinander auf dem gleichen Hufschlag. Dabei sollten die Reiter auf ausreichenden und möglichst gleichmäßigen Abstand zwischen ihren Pferden achten.
- **Brauner** – Ein Pferd mit braunem Fell (Deckhaar) sowie schwarzer Mähne und schwarzem Schweif (Langhaar).
- **Cavaletti** – Ein niedriges Hindernis, das man durch Drehen auf unterschiedliche Höhen einstellen kann.
- **Dressur** – Man sagt auch, das ist Gymnastik für das Pferd. Das Pferd lernt auf die Anweisungen des Reiters zu reagieren und Übungen auszuführen.
- **Dressurviereck** – Ein abgegrenzter Reitplatz mit vorgeschriebenen Maßen und Bahnpunkten zur Orientierung. Hier werden die Hufschlagfiguren geritten und die Dressur gezeigt.
- **Fuchs** – Das Fell des Pferdes ist rötlich, Schweif und Mähne müssen ebenfalls rötlich oder hell sein.
- **Gangarten** – Bei den Pferden gibt es drei Grundgangarten: Schritt, Trab und Galopp.
- **Halfter** – Ein Kopfstück, das zusammen mit einem Strick zum Führen und zum Anbinden des Pferdes dient. Ein Pferd sollte nie ohne Führstrick geführt werden.
- **Hand** – Auf der linken Hand reiten heißt, dass du in der Halle linksherum reitest – gegen den Uhrzeigersinn. Auf der rechten Hand reitest du im Uhrzeigersinn.
- **Hinterhand** – Dies bezeichnet nicht nur die hinteren Beine des Pferdes, sondern der Reiter bezeichnet als Hinterhand das hintere Drittel des Pferdes. Es umfasst das Becken, die Hinterbeine und den Schweif.
- **Hufschlag** – Die Linie am Rand der Reitbahn (Reithalle oder Reitplatz), die am meisten genutzt wird, wird als Hufschlag bezeichnet. Der Hufschlag verläuft neben der inneren Reitbahnbegrenzung.
- **Hufschlagfiguren** – Hufschlagfiguren werden auch Bahnfiguren genannt. Hier läuft das Pferd auf vorgegebenen Linien in der Reitbahn. Zur Orientierung sind dort Bahnpunkte angebracht.
- **Kreuz** – Ein kleiner Sprung mit zwei Stangen, die sich in der Mitte kreuzen.

- **Mittellinie** – Das ist die Linie, die genau durch die Länge der Bahn verläuft – von der Mitte der einen kurzen Seite zur Mitte der anderen kurzen Seite.
- **Oxer** – Ein Hindernis, das aus zwei Steilsprüngen besteht, sodass das Pferd nicht nur hoch, sondern auch weit springen muss. Der hintere Sprung besteht jedoch nur aus einer Stange, die ein klein wenig höher ist als die oberste Stange des vorderen Sprungs
- **Parcours** – In einer Reithalle oder auf einem Reitplatz sind Hindernisse aufgebaut, die dann in einer bestimmten Reihenfolge gesprungen werden müssen. Aus der Reihenfolge ergibt sich dann der Parcours.
- **Polo** – Eine Mannschaftssportart, bei der die auf Pferden reitenden Spieler pro Mannschaft einen Ball mit einem langen Holzschläger in das gegnerische Tor schlagen.
- **Pony** – In Deutschland werden alle ausgewachsenen Pferde, die nicht größer als 1,48 m (Stockmaß, d.h. mit einem Zollstock vom Boden bis zum Widerrist gemessen) groß sind, als Ponys bezeichnet. Pferde sind größer als 1,48 m.
- **Rappe** – Ein Pferd mit schwarzer Fellfarbe und schwarzem Langhaar (Mähne, Schweif).
- **Schecke** – Ein Schecke ist eine Fellfarbe. Große, unregelmäßige weiße Flecken wechseln sich mit braunen oder schwarzen Flecken ab.
- **Schimmel** – Ein Schimmel ist ein weißes Pferd. Es wird mit einer dunklen Fellfarbe geboren und wird von Jahr zu Jahr immer heller, bis es ganz weiß ist.
- **Steilsprung** – Ein Sprung, bei dem die Stangen gerade zwischen zwei Ständern eingehängt werden.
- **Stockmaß** – Das Stockmaß wird die Größe des Pferdes vom Boden bis zur höchsten Stelle des Widerrists gemessen.
- **Strahl** – Der Strahl ist das Dreieck, das unter dem Huf zu sehen ist. Da der Strahl empfindlich ist, werden vorsichtig nur die seitlichen Strahlfurchen mit dem Hufkratzer gesäubert.
- **Trense** – Die Trense wird dem Pferd zum Reiten am Kopf angelegt. Am unteren Teil wird das Trensengebiss eingeschnallt und ins Pferdemaul eingelegt. Am Trensengebiss sind die Zügel befestigt.
- **Vielseitigkeit** – Bei dieser Disziplin wird mit dem Pferd Dressur, Springen und über Sprünge im Gelände geritten.
- **Vorhand** – Als Vorhand bezeichnet der Reiter nicht nur die Vorderbeine, sondern das vordere Drittel des Pferdes. Dazu zählen der Kopf, der Hals und die Vorderbeine.

Anhang

Wie finde ich eine Reitschule?

Du hast dich entschlossen, nun vom Steckenpferd auf ein richtiges Pferd umzusatteln? In Ordnung! Dann sollten wir uns auf die Suche nach einer guten Reitschule für dich begeben. Schau dir zunächst verschiedene Reitschulen in deiner Nähe an. Am besten nimmst du deine Eltern mit. Vielleicht hast du ja auch Freundinnen oder Freunde, die schon reiten und dir bei der Wahl helfen können. Wenn du einen Reitstall mit einem solchen Schild findest, dann hast du einen guten Reitstall gefunden. Er ist von der Deutschen Reiterlichen Vereinigung (FN) geprüft worden (s. Seite 8).

Kennzeichnungsschild für FN-anerkannte Reitschule

Persönliche Mitglieder (PM) der FN

PM – diese beiden Buchstaben stehen bei der Deutschen Reiterlichen Vereinigung (FN) nicht nur für ihre Persönlichen Mitglieder, sondern auch für: Pferd und Mensch. Die Persönlichen Mitglieder sind eine Gemeinschaft von mittlerweile rund 60.000 Pferdefreunden, die sich dem Pferd und der Harmonie zwischen Pferd und Mensch in besonderer Weise verpflichtet fühlen. PM sind direkt Mitglied bei der FN und als solche näher dran am Verband. Mit eurem Jahresbeitrag sichert ihr euch nicht nur viele persönliche Vorteile wie beispielsweise Rabatte bei Pferdesportevents, sondern unterstützt über sogenannte Förderprojekte auch tolle Initiativen, die Pferden und Menschen zu Gute kommen. Interesse geweckt? Unter dem folgenden Link könnt ihr euch umfassend über die Persönliche Mitgliedschaft und ihre Vorteile informieren.
www.pferd-aktuell.de/persoenliche-mitglieder

Kontaktadressen für das Reitenlernen

Landesverbände der Reit- und Fahrvereine

- Pferdesportverband
  Baden-Württemberg e.V.
  Murrstr. 1/2, 70806 Kornwestheim
  Telefon: (07154) 8328-0
  Fax: (07154) 832829
  info@pferdesport-bw.de
  www.pferdesport-bw.de
- Bayerischer Reit- und Fahrverband e.V.
  Landshamer Str. 11,
  81929 München
  Telefon: (089) 926967250,
  Fax: (089) 926967299
  office@brfv.de
  www.brfv.de
- Landesverband Pferdesport
  Berlin-Brandenburg e.V.
  Passenheimer Str. 30, 14053 Berlin
  Telefon: (030) 30092210
  Fax: (030) 30092220
  info@lpbb.de
  www.lpbb.de
- Pferdesportverband Bremen e.V.
  Klattenweg 78, 28213 Bremen
  Telefon: (0421) 6368960
  Fax: (0421) 6368673
  info@pferdesportverband-bremen.de
  www.pferdesportverband-bremen.de
- Landesverband der Reit- u.
  Fahrvereine Hamburg e.V.
  Glashütter Landstr. 111
  22417 Hamburg
  Telefon: (040) 8503006
  Fax: (040) 8514233
  info@pferdesport-hamburg.de
  www.pferdesport-hamburg.de
- Pferdesportverband Hannover e.V.
  Hans-Böckler-Allee 20
  30173 Hannover
  Telefon: (0511) 325768
  Fax: (0511) 325759
  info@psvhan.de
  www.psvhan.de
- Pferdesportveband Hessen e.V.
  Wilhelmstr. 24, 35683 Dillenburg
  Telefon: (02771) 8034-0
  Fax: (02771) 803420
  info@psv-hessen.de
  www.psv-hessen.de
- Landesverband Mecklenburg-
  Vorpommern für Reiten, Fahren und
  Voltigieren e.V.
  Landeskommission für Pferdeleis-
  tungsprüfung
  Charles-Darwin-Ring 4
  18059 Rostock
  Telefon: (0381) 3778735
  Fax: (0381) 3778917
  pferdesportverband-mv@t-online.de
  www.pferdesportverband-mv.de
- Pferdesportverband Rheinland e.V.
  Weißenstein 52, 40764 Langenfeld
  Telefon: (02173) 1011-100
  Fax: (02173) 1011-130
  info@psvr.de
  www.psvr.de

- Pferdesportverband
  Rheinland-Pfalz e.V.
  Riegelgrube 13
  55543 Bad Kreuznach
  Telefon: (0671) 894030
  Fax: (0671) 8940329
  info@psvrp.de
  www.psvrp.de
- Pferdesportverband Saar e.V.
  Herm.-Neub.-Sportschule 7,
  Gebäude 54, 66123 Saarbrücken
  Telefon: (0681) 3879-240
  Fax: (0681) 3879268
  psv-saar@lsvs.de
  www.pferdesportverbandsaar.de
- Landesverband Pferdesport
  Sachsen e.V.
  Käthe-Kollwitz-Platz 2
  01468 Moritzburg
  Telefon: (035207) 89610
  Fax: (035207) 89612
  pferdesport@sachsens-pferde.de
  www.pferdesport-sachsen.de
- Landesverband der Reit- und
  Fahrvereine Sachsen-Anhalt e.V.
  Parkstr. 13
  06780 Zörbig-Prussendorf
  Telefon: (034956) 229-65
  Fax: (034956) 22967
  LV-RFVSachsenAnhalt@online.de
  www.pferde-sachsen-anhalt.de
- Pferdesportverband
  Schleswig-Holstein e.V.
  Marienstr. 15, 23795 Bad Segeberg
  Telefon: (04551) 8892-0
  Fax: (04551) 889220
  info@psvsh.de
  www.pferdesportverband-sh.de
- Thüringer Reit- und Fahrverband e.V.
  Alfred Hess Str.8, 99094 Erfurt
  Telefon: (0361) 3460742
  Fax: (0361) 3460743
  info@trfv.de
  www.trfv.de
- Pferdesportverband Weser-Ems e.V.
  Heidewinkel 8, 49377 Vechta
  Telefon: (04441) 9140-0
  Fax: (04441)9140-17
  info@psvwe.de
  www.psvwe.de
- Pferdesportverband Westfalen e.V.
  Sudmühlenstr. 33, 48157 Münster
  Telefon: (0251) 32809-30
  Fax: (0251) 3280966
  zentrale@pv-muenster.de
  www.pferdesportwestfalen.de

Literatur zum Nach- und Weiterlesen

- Sendelbeck, Katrin: Mein erstes Buch vom Reitenlernen. **FN***verlag*, Warendorf 2018
- Prym, Verena; Sieg, Elisa: Josie und das Ponyleben. **FN***verlag*, Warendorf 2019
- Neumann-Cosel, Isabelle von: Das Pferdebuch für junge Reiter. Pferde kennen, pflegen, reiten. **FN***verlag*, Warendorf, 11. Auflage 2018
- Deutsche Reiterliche Vereinigung e.V. (FN) (Hrsg.)/Neumann-Cosel, Isabelle von: Die Reitabzeichen10–6 der Deutschen Reiterlichen Vereinigung. **FN***verlag*, Warendorf 2019
- Deutsche Reiterliche Vereinigung e.V. (FN) (Hrsg.)/Neumann-Cosel, Isabelle von: Pferdeführerschein Umgang mit dem Pferd. Sicherheit – Verantwortung – Tierwohl. **FN***verlag*, Warendorf 2019
- Deutsche Reiterliche Vereinigung e.V. (FN) (Hrsg.)/Neumann-Cosel, Isabelle von: Pferdeführerschein Reiten. Standardwissen für jeden Reiter. **FN***verlag*, Warendorf 2020
- Deutsche Reiterliche Vereinigung e.V. (FN) (Hrsg.): Pferde & Ponys. Lernmaterialien für Kindergärten. Warendorf 2016

Für deinen Erzieher und Reit-/Lehrer

- Mohr, Ulrike; Vau, Katja: Praktischer Theorieunterricht rund um Pferd und Reiten. Vom Ponyclub bis zu den ersten Reitabzeichen. Von der Pony-AG bis zur Projektwoche. **FN***verlag*, Warendorf 2019
- Lehrmittelkoffer für Vor- und Grundschulkinder „Fairness und Ethik rund ums Pferd" unterstützt die Ausbildungsarbeit im Bereich der Kinder- und Jugendausbildung in Vereinen und Betrieben und hält pädagogische Hilfen und Tipps für die praktische Umsetzung bereit. Erhältlich ist der Lehrmittelkoffer für 10 Euro zuzüglich Versandkosten im FN-Shop unter www.pferd-aktuell.de/shop

Mein erstes Buch vom Reiten lernen

von Katrin Sendelbeck

... ist geschrieben für alle Reitanfänger und Pferdefreunde vor allem zwischen 5 und 12 Jahren. Das kleine Comic-Pferdchen Max führt durch diesen hilfreichen, informativen und unterhaltsamen Begleiter für die ersten Jahre eines Reiterlebens.

Aus dem Inhalt:

- Was man über das Pferd wissen sollte: seine Natur, sein Verhalten, seine Bedürfnisse
- Vertrauen und Respekt als Grundlage der Pferd-Kind-Beziehung
- Ausrüstung und Sicherheit des Reiters
- Fitnessübungen für den Reiter
- interaktive Seiten voller Rätsel, Denksportaufgaben und Malanregungen
- Reittagebuch zum Selbstausfüllen und Reitwörterbuch

Josie und das Ponyleben von Verena Prym & Elisa Sieg

In diesem Buch erzählt Josie aus ihrem Ponyleben. Und das ist wirklich aufregend! Das meinen auch die Kinder Lotta und Hannes, die Josie täglich versorgen und reiten. Wie wohnt ein Pony? Was frisst es und wie sattelt man richtig? Warum qualmt es, wenn der Hufschmied kommt? Hat ein Pony auch Freunde?

Viele Fragen, die Josie dir gerne beantwortet. Hautnah, mit vielen Fotos und voller Lebensfreude.

So ein Ponyleben macht richtig Spaß!

„Hallo, ich bin Josie und ich lebe ein richtig schönes Ponyleben. Nun habe ich sogar mein eigenes Buch! Darin kannst du ganz viel über mich und meine Freunde entdecken. Möchtest du wissen, was ich jeden Tag erlebe, dann schau auf meiner Webseite, auf Facebook oder auf Instagram josie_und_das_ponyleben vorbei.“

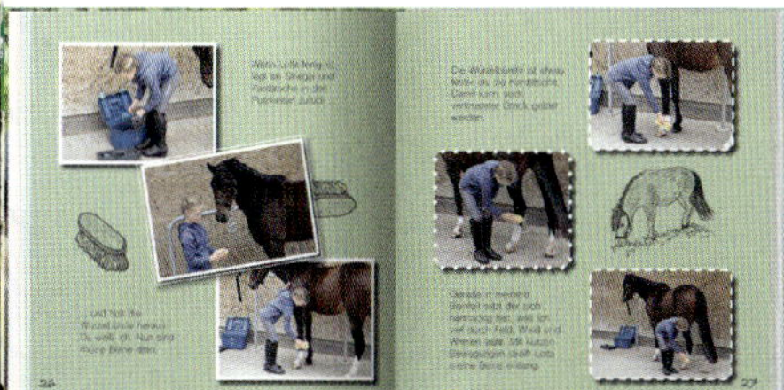

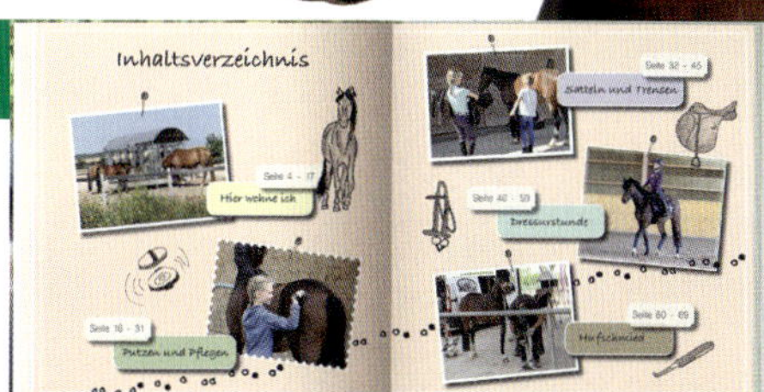

Haftung: Die Benutzung dieses Buches und die Umsetzung der darin enthaltenen Informationen erfolgt ausdrücklich auf eigenes Risiko. Alle textlichen, tabellarischen, grafischen und bildlichen Darstellungen in diesem Buch, insbesondere Angaben, Anregungen und Empfehlungen zu Thematik und Sachverhalt des Werkes erfolgen nach bestem Wissen und Gewissen. Sie sind als Beispiele zu verstehen und entbinden alle, die mit Pferden umgehen, nicht von jeglicher Eigenverantwortung. Jede Umsetzung muss individuell und aktuell geprüft werden.
Verlag und Autor übernehmen keine Gewähr für die Aktualität, Korrektheit, Vollständigkeit und Qualität der bereitgestellten Informationen. Druckfehler und Falschinformationen können nicht vollständig ausgeschlossen werden. Verlag und Autor übernehmen keinerlei Haftung für Schäden die sich aus solchen ergeben.

Haftung für Links: Unser Angebot enthält Links zu externen Webseiten Dritter, auf deren Inhalte wir keinen Einfluss haben. Deshalb können wir für diese fremden Inhalte auch keine Gewähr übernehmen. Für die Inhalte der verlinkten Seiten ist stets der jeweilige Anbieter oder Betreiber der Seite verantwortlich. Die verlinkten Seiten wurden zum Zeitpunkt der Verlinkung auf mögliche Rechtsverstöße überprüft. Rechtswidrige Inhalte waren zum Zeitpunkt der Verlinkung nicht erkennbar. Eine permanente inhaltliche Kontrolle der verlinkten Seiten ist jedoch ohne konkrete Anhaltspunkte einer Rechtsverletzung nicht zumutbar. Bei bekannt werden von Rechtsverletzungen werden wir derartige Links umgehend entfernen.

Haftung für Inhalte: Als Diensteanbieter sind wir gemäß § 7 Abs.1 TMG für eigene Inhalte auf diesen Seiten nach den allgemeinen Gesetzen verantwortlich. Nach §§ 8 bis 10 TMG sind wir als Diensteanbieter jedoch nicht verpflichtet, übermittelte oder gespeicherte fremde Informationen zu überwachen oder nach Umständen zu forschen, die auf eine rechtswidrige Tätigkeit hinweisen.
Verpflichtungen zur Entfernung oder Sperrung der Nutzung von Informationen nach den allgemeinen Gesetzen bleiben hiervon unberührt. Eine diesbezügliche Haftung ist jedoch erst ab dem Zeitpunkt der Kenntnis einer konkreten Rechtsverletzung möglich. Bei Bekanntwerden von entsprechenden Rechtsverletzungen werden wir diese Inhalte umgehend entfernen.